चाणक्य
के
मैनेजमेंट सूत्र

चाणक्य के मैनेजमेंट सूत्र

ममता झा

प्रभात प्रकाशन

प्रकाशक

प्रभात प्रकाशन प्रा. लि.

4/19 आसफ अली रोड, नई दिल्ली–110002

फोन : 011–23289777 • हेल्पलाइन नं. : 7827007777

इ–मेल : prabhatbooks@gmail.com ❖ वेब ठिकाना : www.prabhatbooks.com

संस्करण

2025

पेपरबैक मूल्य

तीन सौ पचास रुपए

मुद्रक

नरुला प्रिंटर्स, दिल्ली

★

CHANAKYA KE MANAGEMENT SOOTRA

by Mamta Jha

Published by **PRABHAT PRAKASHAN PVT. LTD.**

4/19 Asaf Ali Road, New Delhi-110002

ISBN 978-93-5186-459-2

₹ 350.00 (PB)

दो शब्द

आचार्य चाणक्य प्राचीन भारतीय राजनीतिक व सामाजिक मूल्यों के निर्विवाद मापदंड व नीति-निर्धारक स्वीकार किए गए हैं। वे प्रतीक हैं भारत की रचनात्मक बुद्धि के। उनकी नीतियाँ एक आम आदमी के लिए मार्गदर्शक मानी गई हैं। वे प्रथम व्यक्ति हैं, जिन्होंने भारतीय राजनीति में कूटनीतिक जोड़-तोड़, दाँव-पेंचों की शतरंजी चालों का सफलतापूर्वक प्रयोग किया।

चाणक्य भौतिक कूटनीतिक होने के साथ-साथ एक अर्थशास्त्री भी थे। उनके ग्रंथ 'अर्थशास्त्र' में एक राज्य के आदर्श अर्थमंत्र की पूरी व्यवस्था का विशद विवरण है और उसी में राजशाही के संविधान की रूपरेखा है।

शायद विश्व में चाणक्य का 'अर्थशास्त्र' पहला विधि-विधानपूर्वक लिखा गया राज्य का संविधान है। उन्होंने संविधान लेखक रूप में स्वयं कौटिल्य के रूप में प्रस्तुत किया।

उनकी 'चाणक्य नीति' एक नागरिक के लिए आदर्श गाइड है। इसमें उन्होंने एक व्यक्ति के अपने हित के लिए क्या ठीक व लाभदायक है तथा क्या हानिकारक व अनैतिक है, उसका विशद वर्णन सूत्रों के रूप में किया है।

उनके सूत्र अथवा उपदेश सदाबहार हैं। जैसे-जैसे समय बीतता जा रहा है, वे और अधिक सामाजिक व सार्थक होते जा रहे हैं।

जब चाणक्य सामने आए, तब देश में राजनीति अर्थहीन थी, समाज दिशाहीन था, शोषण व उत्पीड़न का साम्राज्य था, हजारों टुकड़ों में बँटा देश तुच्छ बुद्धि शासकों के आपसी झगड़ों से त्रस्त था और आम जनता असहाय नजर आ रही थी।

चाणक्य ने राजनीति को अर्थ दिया, कूटनीति का समावेश किया, दाँव-पेंच के गुर सिखाए, समाज को एक दिशा दिखाई तथा नागरिकों को आचार-संहिता दी। टुकड़ों में बँटे देश को एक विशाल साम्राज्य बनाया तथा सिकंदर के विश्व-विजय के सपने को भारत में ही दफना दिया और उन्होंने एक साधारण व्यक्ति को सड़क से उठाकर मगध सम्राट् बनाकर देश की श्रीवृद्धि की।

चाणक्य विश्व के प्रथम मैनेजमेंट गुरु थे। उन्होंने जीवन के हर क्षेत्र के प्रबंधन का रास्ता दिखाया। उनकी बताई बातों के आधार पर आज भी कैसे अपने जीवन का सही प्रबंधन करके जीवन को सफल बनाया जा सकता है, इसी बात को इस पुस्तक के जरिए बताने का प्रयास किया गया है।

अनुक्रम

कौन थे चाणक्य?

कौटिल्य या चाणक्य अथवा विष्णुगुप्त संपूर्ण संसार में एक महान् राजनीतिक और मौर्य सम्राट् चंद्रगुप्त मौर्य के महामंत्री के रूप में प्रसिद्ध हैं। उनका व्यक्तिवाचक नाम 'विष्णुगुप्त', स्थानीय नाम 'चाणक्य', (चाणक्य वासी) और गोत्र नाम 'कौटिल्य' (कुटिल से) था।

वे चंद्रगुप्त मौर्य के प्रधानमंत्री थे। चाणक्य का नाम संभवतः उनके गोत्र के नाम 'चणक', पिता के नाम 'चणक' या स्थान का नाम 'चणक' का परिवर्तित रूप रहा होगा।

चाणक्य नाम से प्रसिद्ध एक नीतिग्रंथ 'चाणक्य नीति' भी प्रचलित है। तक्षशिला के प्रसिद्ध महान् अर्थशास्त्री चाणक्य के कारण भी है, जो वहाँ प्राध्यापक थे और जिन्होंने चंद्रगुप्त के साथ मिलकर मौर्य साम्राज्य की नींव डाली।

'मुद्राराक्षस' में कहा गया है कि राजा नंद ने भरे दरबार में चाणक्य को उनके उस पद से हटा दिया, जो उन्हें दरबार में दिया गया था।

इस पर चाणक्य ने शपथ ली कि वे उसके परिवार तथा वंश को निर्मूल करके नंद से बदला लेंगे। 'बृहत्कथाकोश' के अनुसार, चाणक्य की पत्नी का नाम यशोमती था।

जन्म तथा शिक्षा

माना जाता है कि चाणक्य ने ईसा से 370 वर्ष पूर्व ऋषि चणक के पुत्र के रूप में जन्म लिया था। वही उनके आरंभिक काल के गुरु थे।

कुछ इतिहासकार मानते हैं कि चणक केवल उनके गुरु थे। चणक के

ही शिष्य होने के नाते उनका नाम 'चाणक्य' पड़ा।

उस समय का कोई प्रामाणिक इतिहास उपलब्ध नहीं है। इतिहासकारों ने प्राप्त सूचनाओं के आधार पर अपनी-अपनी धारणाएँ बनाईं। परंतु यह सर्वसम्मत है कि चाणक्य की आरंभिक शिक्षा गुरु चणक द्वारा ही दी गई।

संस्कृत ज्ञान तथा वेद-पुराण आदि धार्मिक ग्रंथों का अध्ययन चाणक्य ने उन्हीं के निर्देशन में किया। चाणक्य मेधावी छात्र थे। गुरु उनकी शिक्षा ग्रहण करने की तीव्र क्षमता से अत्यंत प्रसन्न थे।

तत्कालीन समय में सभी सूचनाएँ व विधाएँ धर्म-ग्रंथों के माध्यम से ही प्राप्त होती थीं। अतः धार्मिक पुस्तकों का अध्ययन शिक्षा प्राप्त करने का एकमात्र साधन था। चाणक्य ने किशोरावस्था में ही उन ग्रंथों का सारा ज्ञान ग्रहण कर लिया था।

अर्थशास्त्र

चाणक्य ने 'अर्थशास्त्र' नामक एक ग्रंथ की रचना की, जो तत्कालीन राजनीति, अर्थनीति, इतिहास, आचरण शास्त्र, धर्म आदि पर भली-भाँति प्रकाश डालता है।

'अर्थशास्त्र' मौर्यकाल के समाज का दर्पण है, जिसमें समाज के स्वरूप को सर्वांग देखा जा सकता है। 'अर्थशास्त्र' से धार्मिक जीवन पर भी काफी प्रकाश पड़ता है।

उस समय बहुत से देवी-देवताओं की पूजा होती थी। न केवल बड़े देवी-देवता, अपितु यक्ष, गंधर्व, पर्वत, नदी, वृक्ष, अग्नि, पक्षी, सर्प, गाय आदि की पूजा होती थी।

महामारी, पशु रोग, भूत, अग्नि, बाढ़, सूखा, अकाल आदि से बचने के लिए भी बहुत से धार्मिक कृत्य किए जाते थे। अनेक उत्सव, जादू-टोने आदि का भी प्रचलन था।

'अर्थशास्त्र' राजनीति का उत्कृष्ट ग्रंथ है, जिसने परवर्ती राजधर्म को प्रभावित किया। चाणक्य ने 'अर्थशास्त्र' में वार्त्ता (अर्थशास्त्र) तथा दंडनीति (राज्य शासन) के साथ आन्वीक्षिकी (तर्कशास्त्र) तथा त्रयी (वैदिक ग्रंथों)

पर भी काफी बल दिया है।

'अर्थशास्त्र' के अनुसार, यह राज्य का धर्म है कि वह देखे कि प्रजा वर्णाश्रम धर्म और नैतिक आचरण का पालन कराना।

'अर्थशास्त्र' आज भी अपने विषय का एक श्रेष्ठ ग्रंथ है। 'अर्थशास्त्र' में उन्होंने स्वयं लिखा है—

येन शास्त्रं च शस्त्रं नन्दराजगता च भू।
असर्षेणोद्धतान्याशु तेन शास्त्रमिदं कृतम्॥

—अर्थात् जिसने कोप से शास्त्र, शस्त्र और नंद राजा के अधीनस्थ भूमि का उद्धार किया, उसी ने 'अर्थशास्त्र' नामक ग्रंथ की रचना की है।

'विष्णुपुराण' में भी लिखा है कि कौटिल्य नामक ब्राह्मण नंद वंश का विनाश करेगा और चंद्रगुप्त मौर्य को राजा बनाएगा।

इन प्रमाणों से सिद्ध होता है कि कौटिल्य चंद्रगुप्त मौर्य के महामात्य थे और 'अर्थशास्त्र' का रचनाकाल लगभग 300 ईसा पूर्व है।

आचार्य दंडी ने कौटिल्य के 'अर्थशास्त्र' को पढ़ने की संस्तुति की है और लिखा है कि उसका विषय दंडनीति है। दंडी की तरह ही आचार्य रामानंद ने भी लिखा है कि विष्णुगुप्त ने 'अर्थशास्त्र' के समुद्र से नीतिशास्त्र रूपी अमृत निकाला है और वह राज्य विधा को जाननेवालों में सर्वश्रेष्ठ हैं।

किंतु बाणभट्ट ने कौटिल्य के 'अर्थशास्त्र' को प्रमाण माननेवालों को अति नृशंस और निर्घृण कहा है। इससे स्पष्ट है कि उनके समय में 'अर्थशास्त्र' के महत्त्व का ह्रास हो गया था।

कौटिल्य ने अनेक ग्रंथों का अध्ययन करके 'अर्थशास्त्र' की रचना की थी। बौद्ध धर्म के जातक ग्रंथों में लगभग 600 ईसा पूर्व से 'अर्थशास्त्र' की गणना एक प्रमुख शास्त्र के रूप में होने लगी थी।

'आश्वलायन गृह सूत्र' में आदित्य नामक एक आचार्य का उल्लेख मिलता है, जिन्होंने 'अर्थशास्त्र' पर एक ग्रंथ लिखा है। स्वयं कौटिल्य ने अपने अर्थशास्त्र में मानव, बार्हस्पत्य, औशनस, पराशर, पिशुन (नारद), कौसापदंत (भीष्म-आंभीय), वात व्याधि (उद्धव), बाहुदंती पुत्र (इंद्र), भारद्वाज, विशालाक्ष, द्रोण आदि अर्थशास्त्र के आचार्यों का नामोल्लेख किया है।

इसके अतिरिक्त उन्होंने 'इति आचार्यों' कहकर किसी अन्य आचार्य का भी उल्लेख किया है। कौटिल्य ने इन सभी आचार्यों के मतों की आलोचना की है और अंत में अपना मत प्रस्तुत किया है।

ऐसे अवसरों पर एक या कई आचार्यों के मत का उदाहरण देकर वे लिखते हैं—'नेति कौटिल्य', अर्थात् कौटिल्य ऐसा नहीं मानते हैं।

कौटिल्य के बाद 'अर्थशास्त्र' का विषय दंडनीति से हटकर जनपद संबंधी कार्यों का विधान हो गया। तब से धर्मशास्त्र के लेखक दंडनीति और 'अर्थशास्त्र' के सिद्धांतों की भी चर्चा अपने ग्रंथों में करने लगे थे।

परंतु कौटिल्य के 'अर्थशास्त्र' की परंपरा में ये ग्रंथ मुख्यतः नहीं आते हैं। उनकी परंपरा में कामंदक का नीतिसार, शुक नीतिसार, बृहस्पति सूत्र, सोमदेव का नीति वाक्यामृत, वीरमित्रोदय, राजनीतिमयूख, राजनीति कामधेनु आदि ग्रंथ हैं।

'बृहस्पति सूत्र' मूल रूप में कौटिल्य के प्राचीन था, परंतु जिस रूप में आज वह उपलब्ध है, वह नौवीं शताब्दी का संस्करण है।

इसी प्रकार कामंदक नीतिसार मूल रूप से 400 ईसवी का ग्रंथ है, किंतु आज वह जिस रूप में उपलब्ध है, वह 17वीं शताब्दी का है। इसी प्रकार शुक नीति सार भी आज जिस रूप में मिलता है, वह कौटिल्य पूर्व शुक का लिखा हुआ नहीं है।

वर्तमान 'मनुस्मृति' भी कौटिल्य पूर्व मनु की रचना नहीं है। इस प्रकार इस समय अर्थशास्त्र विषयक सबसे प्राचीन ग्रंथ कौटिल्य का 'अर्थशास्त्र' ही है। इसके पूर्व निश्चय ही बृहस्पति, शुक्र तथा मनु के रचित ग्रंथ थे; किंतु अब वे उपलब्ध नहीं हैं।

20वीं शताब्दी में महामहोपाध्याय शाम शास्त्री और महामहोपाध्याय गणपति शास्त्री ने 'अर्थशास्त्र' की खोज की और उसे संपादित करके प्रकाशित किया। शाम शास्त्री ने इसका अंग्रेजी अनुवाद वर्ष 1915 में मैसूर से प्रकाशित किया।

महामहोपाध्याय गणपति शास्त्री ने इस पर एक संस्कृत में टीका लिखी तथा मूल और टीका दोनों को मैसूर से वर्ष 1925 में तीन खंडों में प्रकाशित किया। इससे पूर्व संस्कृत में भदृस्वामी और माधवयज्वा ने 'अर्थशास्त्र' पर

टीकाएँ लिखीं। इस पर एक टीका मलयालम मिश्रित तमिल में भी है। किंतु वे तीनों टीकाएँ अपूर्ण हैं। पूर्ण टीका केवल गणपति शास्त्री का है।

'अर्थशास्त्र' का हिंदी अनुवाद वाचस्पति गैरोला ने किया है, जो वाराणसी से प्रकाशित है। डॉ. काशीप्रसाद जायसवाल, डॉ. वेणी प्रसाद, डॉ. जी. बूहलर आदि विद्वानों ने कौटिल्य के राजनीतिक सिद्धांतों का विवेचनात्मक अनुशीलन प्रस्तुत किया; किंतु वे अनुशीलन अभी अपर्याप्त हैं।

'अर्थशास्त्र' की परंपरा के विषय में यह ज्ञातव्य है कि यह मनु की परंपरा से भिन्न है। मनु की परंपरा वेदपूर्वक है और अर्थशास्त्र की परंपरा लोकायत मूलक है।

पहली अनुदान परंपरा है और दूसरी प्रगतिशील तथा उदार परंपरा है। दासों, शूद्रों, स्त्रियों आदि के बारे में इन दोनों परंपराओं को रेखांकित किया जा सकता है।

'अर्थशास्त्र' की परंपरा वस्तुतः इहलोकवाद की परंपरा है। वह अर्थ को प्रधान पुरुषार्थ मानती है। जबकि मनु की परंपरा धर्म को प्रधान पुरुषार्थ मानती है।

दर्शनशास्त्र

ओशनस दंडनीति को ही एकमात्र विद्या मानते हैं। बार्हस्पत्य वार्त्ता और दंडनीति इन विधाओं को मानते थे। मानव त्रयी (वेद), वार्त्ता और दंडनीति—इन तीन विधाओं को मानते हैं। वे सभी आचार्य आन्वीक्षिकी (दर्शन-शास्त्र) को कोई स्वतंत्र विद्या या शास्त्र नहीं मानते थे। किंतु कौटिल्य आन्वीक्षिकी को एक पृथक् विद्या मानते हुए कहते हैं कि आन्वीक्षिकी, त्रयी, वार्त्ता और दंडनीति—ये चार विधाएँ हैं।

आन्वीक्षिकी के अंतर्गत वे सांख्ययोग और लोकायत को रखते हैं। उनके मत से, आन्वीक्षिकी अन्य तीन विधाओं के बलाबल (प्रामाण्य या अप्रामाण्य) का निर्धारण हेतुओं से करती है। निश्चय ही आन्वीक्षिकी के सर्वाधिक महत्त्व को सर्वप्रथम कौटिल्य ने ही प्रतिपादित किया है। उनका कहना है—

प्रदीपः सर्वविद्ययानामुपापः सर्वकर्मणाम्।
आश्रयः सर्वधर्माणां शाश्वदान्वीक्षिकी मता॥

—अर्थात् आन्वीक्षिकी सभी विधाओं का शाश्वत प्रदीप, सभी कार्यों का शाश्वत साधन और सभी धर्मों का शाश्वत आश्रय है।

कौटिल्य ने जैसे 'अर्थशास्त्र' नामक एक नए शास्त्र का प्रवर्तन किया, वैसे ही उन्होंने आन्वीक्षिकी के सही स्वरूप की भी संस्थापना की है।

दंड या राज शासन प्रजा को धर्म, अर्थ और काम में प्रवृत्त करता है; पर दंड या राज शासन ही कौटिल्य के 'अर्थशास्त्र' का मुख्य विषय है।

आधुनिक अनुशीलनों से सिद्ध है कि कौटिल्य ने जिस राज्य की अवधारणा की थी, वह एक लोक-कल्याणकारी राज्य है।

हालाँकि वे साम्राज्यवादी थे और मानते थे कि धर्म, व्यवहार, चरित्र एवं राज्य शासन कानून के चार पाद हैं और इन पादों में उत्तरोत्तर पाद पूर्व पाद से अधिक प्रामाणिक और सबल हैं, तथापि उनके मत से सम्राट् निरंकुश नहीं है। सम्राट् को वर्णाश्रम की व्यवस्था का पालन एवं संरक्षण करना चाहिए, क्योंकि वर्णाश्रम धर्म के नष्ट हो जाने पर समस्त पूजा का नाश हो जाता है। ऐसा इसलिए होता है कि तब प्रजा किंकर्तव्यविमूढ़ हो जाती है और अराजकता की स्थिति पैदा हो जाती है।

इस तरह कौटिल्य मानते हैं कि अर्थ ही प्रधान पुरुषार्थ है और धर्म तथा काम अर्थ पर निर्भर करते हैं। फिर अर्थ की परिभाषा देते हुए वे कहते हैं कि मनुष्य की वृत्ति अर्थ है। इस अर्थ के लाभ-प्राप्ति के उपाय को बतलानेवाला शास्त्र 'अर्थशास्त्र' है।

इस प्रकार कौटिल्य के 'अर्थशास्त्र' में आधुनिक राजनीति और आधुनिक अर्थशास्त्र दोनों का विधान है। कौटिल्य ने राज-सत्ता और अर्थ को अन्योन्याश्रित माना है। यह एक शास्त्र है और प्रत्येक शास्त्र लोकहित का वर्धक होता है। अतः 'अर्थशास्त्र' भी लोकहित का ही संपादन करता है।

यदि कर्तव्यवश किसी राजा या दूत को अपने शत्रुओं से छल करने की शिक्षा यह शास्त्र देता है तो इस कारण इस शास्त्र को असत्शास्त्र या वंचनाशास्त्र नहीं कहा जा सकता। यह व्यक्ति विशेष की परिस्थिति का दायित्व है, जिसे

कोई यथार्थवादी नकार नहीं सकता।

अद्वैत वेदांती आनंद गिरि ने 'अर्थशास्त्र' विषयक चिंतन को शिष्टों का परमार्थ चिंतन माना है; क्योंकि जो सुख है, वह अर्थघ्न नहीं हो सकता। जिस अर्थ-साधन का विधान 'अर्थशास्त्र' करता है, वह त्रिवर्ग का साधक है, धर्म और काम पुरुषार्थों का उन्नायक है।

वास्तव में मूलतः 'अर्थशास्त्र' का एकमात्र प्रयोजन प्रजा के सुख तथा हित का संवर्धन करना है। इसका औचित्य आन्वीक्षिकी पर आधारित है और इस कारण कौटिल्य के 'अर्थशास्त्र' में समाज-दर्शन, राजनीति-दर्शन, अर्थ-दर्शन और विधि-दर्शन के सिद्धांत निहित हैं।

'अर्थशास्त्र' 32 युक्तियों से युक्त होने के कारण एक शास्त्र है। ये युक्तियाँ 'अर्थशास्त्र' के अंतिम अध्याय में वर्णित हैं।

ज्ञान मीमांसा और तर्कशास्त्र के दृष्टिकोण से इन तंत्र युक्तियों का महत्त्व अत्यधिक है। आधुनिक युग में एक्जियोमैटिक्स (अभिगृहीत मीमांसा), कनसेप्चुअल स्कीम (संप्रत्यात्मक योजना) तथा मेटा थियरी (अधि सिद्धांत) की जो परिकल्पनाएँ की गई हैं, वे सब तंत्र युक्ति के अंतर्गत आ जाती हैं।

किसी शास्त्र या विज्ञान की वैज्ञानिकता की कसौटी के रूप में आज भी इनका महत्त्व अक्षुण्ण है। यह दूसरी बात है कि आज इन तंत्र-युक्तियों के नए वर्गीकरण किए गए हैं और कुछेक को जोड़ा व हटाया भी गया है। किंतु कौटिल्य ने इनका प्रावधान किया है और इनके बल पर 'अर्थशास्त्र' को एक शास्त्र या विज्ञान सिद्ध किया है।

यह केवल ऐतिहासिक दृष्टि से ही अभूतपूर्व कार्य नहीं था, अपितु तार्किक संकल्पना की दृष्टि से भी इसका महत्त्व अभूतपूर्व था। अतः कौटिल्य का योगदान तर्कशास्त्र में भी अत्यंत महत्त्वपूर्ण है।

समाज की अवधारणा

कौटिल्य ने जिस समाज की अवधारणा की है, उसका प्राण-तत्त्व राजा या राज्य-सत्ता है। राज्य-सत्ता के अभाव में मत्स्य न्याय तथा अराजकता उत्पन्न होती है; परंतु राज्य-सत्ता पर भी धर्म का अनुशासन रहता है, क्योंकि

धर्म राज्य-सत्ता का पूर्ववर्ती और प्रेरक तत्त्व है।

इस प्रकार, कौटिल्य का समाज आर्यों का वर्णाश्रम धर्म से अनुशासित समाज ही है। परंतु उनके अनुसार, आर्यों में दास-प्रथा का अभाव है। उन्होंने लिखा है कि कोई आर्य दास नहीं हो सकता। दास केवल वे ही हो सकते हैं, जो अनार्य या म्लेच्छ हों।

परंतु आर्यों में भी आपत्ति के समय कुछ काल के लिए दास बनाए जाते थे, बनाए जा सकते हैं, ऐसा कौटिल्य ने लिखा है। किंतु आदर्श रूप में उन्होंने नहीं माना है कि यथासंभव आर्यों में दास-भाव नहीं होना चाहिए।

इसी आधार पर मेगस्थनीज ने लिखा था कि मौर्यकाल में भारतीयों में वह दास-प्रथा नहीं थी, जो यूनानियों में थी। किंतु आर्यों का समाज ब्राह्मण, क्षत्रिय, वैश्य और शूद्र—इन चार वर्णों में बँटा था और प्रत्येक वर्ण के व्यक्तियों के शास्त्रानुमोदित कर्तव्य थे। यद्यपि नियमतः कोई व्यक्ति अपने पैतृक व्यवसाय के अतिरिक्त दूसरे वर्ण का व्यवसाय नहीं कर सकता था, तथापि कुछ लोग ऐसा व्यवसाय परिवर्तन कर लेते थे।

कौटिल्य ने ब्राह्मण, क्षत्रिय और वैश्यों के लिए ब्रह्मचर्य, गृहस्थ, वानप्रस्थ तथा संन्यास आश्रमों का विधान किया है। किंतु जब तक किसी व्यक्ति के ऊपर घरेलू दायित्व है, तब तक उसे वानप्रस्थ या संन्यास आश्रम में नहीं जाना चाहिए, ऐसा उनका मत है।

इसी प्रकार जो स्त्रियाँ संतान पैदा कर सकती हैं, उन्हें संन्यास ग्रहण करने का उपदेश देना कौटिल्य की दृष्टि में अनुचित है। इससे स्पष्ट है कि कौटिल्य ने गृहस्थ आश्रम सुदृढ़ करने का अथक परिश्रम किया है।

विवाह के बारे में कौटिल्य का मत मनु के मत की तुलना में कुछ प्रगतिशील है। समाज में जितने प्रकार के विवाह होते थे, उन सबको कौटिल्य ने प्रामाणिक माना है। किसी प्रकार घृणा या हीनता की दृष्टि से उनको नहीं देखा गया है।

ब्राह्मण आदि प्रथम चार प्रकार के विवाहों में पिता ही प्रमाण है और गंधर्व आदि चार विवाहों में माता व पिता दोनों प्रमाण हैं। अंतरजातीय विवाह, विधवा विवाह तथा तलाक की प्रथाएँ भी उस समय प्रचलित थीं।

किंतु कौटिल्य के समाज की सबसे बड़ी विशेषता यह है कि वह एक सार्वभौम समाज था। वह सभी जातियों और देशों के लिए हितकर था। यह कहने में अतिशयोक्ति नहीं है कि तत्कालीन विश्व में कौटिल्य का समाज निश्चय ही सर्वाधिक मानववादी और जनवादी था। राजसत्ता का उद्देश्य प्रज़ा के सुख और हित का संवर्धन तथा संरक्षण करना था।

प्रतिदिन उठते ही शासक को सोचना चाहिए कि प्रजा का आर्थिक उत्थान किस प्रकार हो और अर्थानुशासन कैसे स्थापित हो। उन्नति का मूल आर्थिक उन्नति है।

चाणक्य की मूल भावना

चाणक्य का प्रतिशोधपूर्ण जीवन व्यक्तियों को प्रतिशोध लेने की भावना को प्रेरित करता है। लेकिन व्यक्तिगत प्रतिशोध चाणक्य का उद्देश्य नहीं था।

वे चाहते थे कि राज्य सुरक्षित रहे, शासन सुचारु रूप से चले और प्रजा सुख-शांतिपूर्वक रहे। उन्होंने लोगों की संपन्नता सुनिश्चित करनें के लिए दो तरीके अपनाए—पहला, अमात्य राक्षस को चंद्रगुप्त का मंत्री बना दिया गया। दूसरा, एक पुस्तक लिखी गई, जिसमें राजा के आचार-व्यवहार का वर्णन किया गया कि वह शत्रुओं से अपनी और राज्य की रक्षा कैसे करे, कानून-व्यवस्था को कैसे सुनिश्चित करे आदि।

चाणक्य का सपना था कि राजनीतिक, आर्थिक और सामाजिक रूप से भारत विश्व में अग्रदूत बने। उनकी पुस्तक 'अर्थशास्त्र' में उनके सपनों के भारत के दर्शन किए जा सकते हैं।

'नीतिशास्त्र' एवं 'चाणक्य नीति' में उनकी विचारोत्तेजकता से प्रेरणा ग्रहण की जा सकती है। उनके कुछ विचारों से उनके दृष्टिकोण को समझा जा सकता है—

जन-सामान्य की सुख-संपन्नता ही राजा की सुख-संपन्नता है। उनका कल्याण ही उसका कल्याण है। राजा को अपने निजी हित या कल्याण के बारे में कभी नहीं सोचना चाहिए, बल्कि अपना सुख अपनी प्रजा के सुख में खोजना चाहिए।

राजा का गुप्त कार्य है निरंतर प्रजा के कल्याण के लिए संघर्षरत रहना। राज्य का प्रशासन सुचारु रखना उसका धर्म है।

आत्मनिर्भर अर्थव्यवस्था है, जो विदेश व्यापार पर नहीं निर्भर होनी चाहिए।

समतावादी समाज का निर्माण हो, जहाँ सबके लिए समान अवसर हों।

संसाधनों के विकास के लिए प्रभावी भू-व्यवस्था आवश्यक है। राजसत्ता के लिए यह आवश्यक है कि वह जमींदारों पर नजर रखे कि वे अधिक भूमि पर कब्जा न करें और भूमि का अनधिकृत इस्तेमाल न करें।

राज्य का कानून सबके लिए समान होना चाहिए।

चाणक्य एक ऐसे समाज का निर्माण करना चाहते थे, जो भौतिक आनंद से आत्मिक आनंद को अधिक महत्त्व देता हो। उनका कहना था कि आंतरिक शक्ति और चारित्रिक विकास के लिए आत्मिक विकास आवश्यक है।

2300 वर्ष पहले लिखे गए चाणक्य के शब्द आज भी मानव जाति का मार्गदर्शन करते हैं। उन्हें दुनिया का प्रथम मैनेजमेंट गुरु माना जाता है। अगर उनके सिद्धांतों को जीवन में उतारा जाए तो सफलतापूर्वक व्यक्ति अपने जीवन का प्रबंधन कर सकता है।

□

भारत के प्रेरणा-स्रोत आचार्य चाणक्य

आचार्य चाणक्य और चंद्रगुप्त के जीवन एवं उनकी उपलब्धियों के विषय में जो मूल तथ्य निर्विवाद रूप से मान्य हैं, वे हैं—

1. चाणक्य तक्षशिला में राजनीतिशास्त्र के अध्यापक थे और चंद्रगुप्त को शिष्य के रूप में ग्रहण करके उन्होंने उसे एक विज्ञ एवं वीर योद्धा का स्वरूप दिया था।
2. जिस समय सिकंदर का आक्रमण हुआ, चंद्रगुप्त लगभग 22-23 वर्ष का युवक था और सिकंदर एवं पुरु के युद्ध के समय वह अपने गुरु के साथ युद्धक्षेत्र में उपस्थित था।
3. किसी समय किसी कारण नंद ने चाणक्य का घोर अपमान किया और क्रुद्ध चाणक्य ने नंद के विनाश का प्रण किया।
4. चाणक्य और चंद्रगुप्त ने पाटलिपुत्र पर आक्रमण कर उस पर अधिकार कर लिया और नंद के स्थान पर चंद्रगुप्त सम्राट् बना।
5. अब चाणक्य के मार्गदर्शन में चंद्रगुप्त ने साम्राज्य-विस्तार किया एवं मगध साम्राज्य पश्चिम में तक्षशिला तक फैल गया।
6. जब अनेक वर्षों बाद सेल्यूकस ने आक्रमण किया तो चंद्रगुप्त ने उसे सिंधु तट पर बुरी तरह पराजित किया और उससे कई पश्चिमोत्तर प्रांत छीन लिये। सेल्यूकस को अपनी कन्या का दान भी करना पड़ा।

इन मूलभूत तथ्यों से संबंधित विविध विवरण अनिश्चित हैं। ग्रीक लेखों, बौद्ध-जैन-हिंदू ग्रंथों में बिखरे उल्लेखों, पुरातात्त्विक अवशेषों-शिलालेखों तथा काव्याख्यानों में प्राप्त वर्णनों एवं किंवदंतियों के हवाले

देकर इतिहासकारों ने अपनी-अपनी धारणा के अनुसार चाणक्य के अनिश्चित जीवन-तथ्यों को एक निश्चित रूपरेखा देने का प्रयास किया है।

चाणक्य को किस रूप में ग्रहण किया जाए? क्या वे मात्र एक कुटिल कूटनीतिज्ञ थे, जिन्होंने अपने व्यक्तिगत प्रतिशोध के लिए अचूक कूटनीति को साधन बनाया? अथवा किसी राजनीतिक राष्ट्रीय लक्ष्य से अनुप्राणित होकर कूटनीति को शस्त्र के रूप में उन्होंने ग्रहण किया?

नंद द्वारा किए गए व्यक्तिगत अपमान का प्रतिशोध उनका मुख्य उद्देश्य था या वह मात्र एक उद्दीपक प्रेरणा थी?

चाणक्य की प्रवृत्ति के विषय में कुछ तथ्य सर्वमान्य हैं। विशाल मौर्य साम्राज्य के निर्माता एवं महामात्य होते हुए भी जीवन भर वे राजधानी के राजकीय वैभव से दूर एक आश्रम में ही रहे। अपने महान् कृतित्व एवं उच्चतम पद के आधार पर किसी व्यक्तिगत लाभ का दावा उन्होंने कभी नहीं किया।

अध्यापन को उन्होंने अंत तक नहीं छोड़ा। ऐसा निस्संग सिद्ध पुरुष किसी भी व्यक्तिगत प्रतिशोध से अभिभूत नहीं रह सकता। प्रतिशोध उसका लक्ष्य नहीं, उसकी किसी विराट् योजना का गौण अंग मात्र ही बन सकता है।

वस्तुतः ऐसा ही था भी, क्योंकि नंद के विनाश के साथ चाणक्य चुक नहीं गए। वे एक अधिक विशद, अधिक गहन प्रयत्न में जुट गए। पूरे भारत को उन्होंने एक साम्राज्य के रूप में संगठित किया और यवन सेनापति सेल्यूकस को वह मुँहतोड़ जवाब दिया, जिसका उदाहरण बाद के इतिहास में अप्राप्य है।

चाणक्य एक ऋषि थे—अध्यात्मवादी ऋषि नहीं, कूटनीतिज्ञ ऋषि।

हेमचंद्र ने 'अभिज्ञान चिंतामणि' में चाणक्य को अनेक नाम दिए हैं—वात्स्यायन, कल्किनाग, कुटल, चाणक्य, द्रामिल, पक्षिलस्वामी, विष्णुगुप्त और अंगुल।

मात्र द्रामिल और पक्षिलस्वामी नामों की साक्षी से चाणक्य को दाक्षिणात्य सिद्ध करने का प्रयास किया गया है। असंभव नहीं है कि उनके पूर्वज दक्षिण से आकर उत्तर में बसे हों। पर बौद्ध ग्रंथों में चाणक्य को तक्षशिला का वासी बताया गया है।

जैन अनुश्रुति के अनुसार, वे गोल्ल जनपद के चण ग्राम में उत्पन्न हुए थे और उनके पिता चणक नाम से प्रसिद्ध थे।

गोल्ल जनपद की भौगोलिक स्थिति अज्ञात है। ऐसी स्थिति में बौद्ध साक्ष्य का अनुसरण यह मानना संगत लगता है कि गोल्ल जनपद पश्चिमोत्तर प्रदेश में ही था। भरहुत के एक उत्कीर्ण लेख में गोल्ल जनपद का उल्लेख भी यही बात पुष्ट करता प्रतीत होता है।

कुछ विद्वानों ने चाणक्य को मगध का वासी माना है। पर अंत:साक्ष्य इस मान्यता से मेल नहीं खाते।

चाणक्य ने तक्षशिला में शिक्षा पाई और वहीं वर्षों अध्यापन भी किया। चंद्रगुप्त को शिक्षित करके वे तत्काल मगध नहीं लौट गए। पंजाब में रहकर उन्होंने पहले यूनानियों से टक्कर ली और फिर वहीं रहकर मगध-अभियान के लिए सेना का संगठन किया।

पंजाब के छोटे-छोटे गण एवं राज्यों में बँटे-बिखरे होने और उनकी क्षुद्र पारस्परिक कलह से वे अत्यंत त्रस्त रहे। यह बात 'चाणक्य नीति' से भी उभरकर आती है और इस तथ्य से भी स्पष्ट है कि मौर्य साम्राज्य की शक्ति का उपयोग उन्होंने पंजाब एवं पश्चिमोत्तर प्रदेश को संगठित व सुदृढ़ बनाने में विशेष रूप से किया।

चाणक्य के पिता चण ग्राम के होने के कारण चणक और वे स्वयं चणक-पुत्र होने के कारण 'चाणक्य' कहलाए। उनका वास्तविक नाम विष्णुगुप्त था, जिसका सभी जगह उल्लेख मिलता है। कुटल संभवत: उनका गोत्र नाम था और 'कौटिल्य' उसी से बना।

चंद्रगुप्त की पहचान भी विवादों से मुक्त नहीं रही है। यह सब मानते हैं कि उसकी माँ का नाम मुरा था। कहा गया है कि मुरा-पुत्र होने के कारण ही वह मौर्य कहलाया। पर 'महाबंसो' के अनुसार, मोरिय क्षत्रियों (मौर्य क्षत्रियों) का एक गण पिप्पलि वन प्रदेश में अवस्थित था और चंद्रगुप्त उस गण के राजा का पुत्र था।

भगवान् महावीर के ग्यारह गंधर्वों में एक था मोरिय सन्निवेश का कश्यप गोत्रीय मोरिय-पुत्र। पटना से 58 मील पूर्व में एक रेलवे स्टेशन मोर

है, जहाँ प्राचीन टीले बहुत मिलते हैं। बौद्ध एवं ब्राह्मण धर्म-चिह्न वहाँ से बड़ी संख्या में मिले हैं। पीपल के पेड़ भी यहाँ बहुतायत से पाए जाते हैं। संभवतः यही मोरिय क्षत्रियों का नगर था।

यह कहना संगत नहीं लगता कि चंद्रगुप्त मुरा-पुत्र होने के कारण मौर्य कहलाया। मुरा को किसी नंद की पत्नी या दासी मानना भी अनुचित है।

संभावना यही लगती है कि नंद ने पिप्पलि वन के मोरिय नगर को ध्वस्त किया हो और मुरा अपने पति के मारे जाने या बंदी बन जाने पर अपने नवजात पुत्र को लेकर भागी हो और पाटलिपुत्र के किसी संबंधी के यहाँ आश्रय लेकर रहने लगी हो।

यह भी हो सकता है कि चंद्रगुप्त के पिता को बंदी बनाकर पाटलिपुत्र लाया गया हो और मुरा पीछे-पीछे वहीं आ गई हो। कुछ भी हुआ हो, चंद्रगुप्त क्षत्रिय-पुत्र था और मुरा नंद की दासी या पत्नी नहीं थी।

'मुद्राराक्षस' नाटक में चाणक्य द्वारा चंद्रगुप्त को 'वृषल' संबोधित किए जाने का अर्थ यह नहीं है कि वह शूद्र था। इसकी सूचना यही है कि संभवतः चंद्रगुप्त सनातन वैदिक या पौराणिक धर्म का अनुयायी नहीं रहा था। प्राच्य प्रदेशों के क्षत्रियों को प्रायः 'क्षत्रिय-बंधु' या 'वाल्य' कहा गया है।

चाणक्य ने बालक चंद्रगुप्त को पाटलिपुत्र के निकट पाया, तब से यह स्थापित नहीं हो जाता कि ये दोनों पाटलिपुत्र के थे। चंद्रगुप्त निस्सहाय होने के कारण वहाँ था और चाणक्य भ्रमण के लिए वहाँ आए थे।

उस काल में नियम था कि छात्र गुरुकुल की शिक्षा समाप्त करके देश का भ्रमण करते थे और अपने-अपने विषय के विद्वानों से मिलते थे। चाणक्य का विषय राजनीति होने के नाते विशाल नंद साम्राज्य की राजधानी पाटलिपुत्र उनके लिए एक स्वाभाविक आकर्षण थी। फिर तक्षशिला के स्नातक शकटार साम्राज्य के महामंत्री थे।

ग्रीक अभिलेखों के अनुसार, सिकंदर और पुरु के समय चाणक्य और चंद्रगुप्त करेई के युद्धक्षेत्र में उपस्थित थे। उनकी उपस्थिति के पीछे तीन कारण हो सकते हैं—चाणक्य ने चाहा हो कि युवक चंद्रगुप्त युद्ध का अनुभव प्राप्त करें और ग्रीक युद्ध-कौशल का अध्ययन करें। दूसरा कारण पुरु की

सहायता करना हो सकता है। तीसरा कारण, जैसा कि ग्रीक लेखक कर्टियस ने लिखा है, यह था कि चंद्रगुप्त युद्ध के परिणाम पर दृष्टि रखने के लिए वहाँ था।

वह नहीं चाहता था कि सिकंदर या पुरु कोई भी पूर्ण पराजय का मुँह देखे, क्योंकि पुरु से उसके अच्छे संबंध थे और सिकंदर से उसने तक्षशिला में संधि की थी कि सिकंदर यहाँ के बाद नंद साम्राज्य पर आक्रमण करेगा।

कर्टियस ने यह भी लिखा है कि जब युद्ध के अनिर्णीत चलने की स्थिति में बात करने के लिए आए आंभीक पर भाला फेंककर पुरु ने उसे भगा दिया, तब मेरोस (चंद्रगुप्त) ने पुरु से बात की और पुरु व सिकंदर के बीच संधि करवाई।

प्रसिद्ध विद्वान् डॉ. बुद्ध प्रकाश का मत है कि ग्रीक लेखकों ने स्वात के एक महत्त्वाकांक्षी सामंत शशिगुप्त (ग्रीक अभिलेखों में 'सिसिकोट्टस') को चंद्रगुप्त से मिला दिया है। यह भ्रम मेरोस नाम के कारण हुआ है, जो मौर्य से मिलता-जुलता है।

शशिगुप्त आंभीक और पुरु से परिचित था और आरंभ में ही सिकंदर के पक्ष में आ गया था। ध्यान देने की बात है कि यद्यपि चाणक्य और चंद्रगुप्त युद्ध-स्थल पर थे, पर उस क्षण वे ऐसी स्थिति में कहाँ थे कि प्रबल केकय-नरेश पुरु और विश्व-विजेता सिकंदर के निर्णयों को प्रभावित कर सकते।

उस क्षण न तो उनके पैरों के नीचे धरती थी, न हाथ में कोप था और न ही साथ में कोई सेना थी। चाणक्य मात्र एक शिक्षक थे और चंद्रगुप्त हाल ही में स्नातक बना एक साधनहीन युवक था।

फिर चाणक्य के चरित्र और बाद में उनके द्वारा छेड़े गए ग्रीक-विरोधी अभियान को देखते हुए यह असंगत लगता है कि उन्होंने सिकंदर से साँठ-गाँठ करने की अनुमति चंद्रगुप्त को दी होगी।

वस्तुत: आंभीक के भाग जाने के बाद पुरु से मिलने आनेवाला भारतीय 'मेरोस' शशिगुप्त था, न कि चंद्रगुप्त। शशिगुप्त बाद में पुष्कलावती का क्षत्रप नियुक्त किया गया और वर्षों बाद ग्रीक सेनापतियों के आपसी संघर्ष में लड़ता हुआ मारा गया।

अब प्रश्न यह उठता है कि क्या भरेई के युद्ध में पुरु पराजित हुआ था और बंदी बनाकर सिकंदर के सामने पेश किया गया था? इतिहासकारों ने यही तसवीर सबके सामने रखी है।

इस विषय में स्वयं ग्रीक लेखकों ने अलग-अलग मत व्यक्त किए हैं। जस्टिन और प्लूटार्क के अनुसार, पुरु बंदी बना लिया गया था। डियोडोरस का कहना है कि घायल पुरु सिकंदर के कब्जे में आ गया था, पर सिकंदर ने उसे उपचार के लिए भारतीयों को लौटा दिया था।

कर्टियस ने मत रखा है कि घायल पुरु की वीरता से प्रभावित होकर सिकंदर ने संधि का प्रस्ताव रखा। एटियन ने भी यही लिखा है कि हारते हुए घायल पुरु के साहस को देखकर सिकंदर ने शांति के लिए पुरु के पास दूत भेजा।

एक विवरण में यह भी मिलता है कि पुरु लड़ाई में मारा गया। यथार्थ में पुरु नहीं, उसका पुत्र इस युद्ध में खेत रहा था। कुछ का मत है कि युद्ध अनिर्णीत रहा और पुरु के दबाव के सामने सिकंदर ने संधि का मार्ग ही उचित समझा।

ग्रीक लेखकों की मत-भिन्नता से स्पष्ट है कि अपने विश्व-विजेता सम्राट् के गौरव को बचाने के प्रयास में वे एक अरुचिकर तथ्य पर परदा डाल रहे हैं। वे मान रहे हैं कि संधि की पहल सिकंदर ने की। पर क्यों? मेसीडोनिया से झेलम तक की यात्रा के बीच ऐसी उदारता उसने कहीं भी नहीं दिखाई थी।

वह एक क्रूर व नृशंस विजेता था। विजितों के अनेक नगरों को उसने जलाकर राख किया, जिनमें ईरान के प्रसिद्ध नगर पर्सीपोलीस का नाम उल्लेखनीय है। सहस्रों पराजित शत्रुओं को उसने तलवार के घाट उतारा।

कुछ ही दिन पूर्व मशकावती में रक्षा का वचन देने के बाद भी 5 सहस्त्र स्त्री-पुरुषों व बच्चों को उसने निर्ममता से कटवा दिया था। झेलम के इस युद्ध के बाद भी उसने कइयों का नर-संहार किया और उनके नगर सांगक की ईंट से ईंट बजा दी।

यही नहीं, अपने ही अनेक स्वामीभक्त सहयोगियों को उसने तनिक सी

बात से रुष्ट होकर तड़पा-तड़पाकर मारा था। उनमें योद्धा बेसस, उसकी अपनी ही धाय का भाई क्लीटोस, घर्मीनियन आदि के नाम उल्लेखनीय हैं।

ऐसा सिकंदर पुरु के प्रति ही इतना उदार क्यों हो उठा कि जंजीरों में जकड़े पुरु को न केवल उसने छोड़ दिया, बल्कि उसे बराबर में बिठाया और उसका राज्य उसे वापस कर दिया? इतना ही नहीं, बाद में यमुना तक का विशाल प्रदेश भी, जो उसने गणों को कुचलकर जीता था, पुरु को ही सौंप दिया।

ध्यान देने की बात है कि जाते समय पुरु की राजधानी में उसने अपना कोई ग्रीक क्षत्रप नियुक्त नहीं किया, जबकि तक्षशिला में समर्पित आंभीक के रहते भी उसने फिलिप्स को वहाँ रखा।

पुरु के लिए उसने अपने प्रबल सहयोगी और पुरु के शत्रु आंभीक को निराश और नाराज तक किया।

यदि पुरु हार गया था और बंदी बना लिया गया था तो तर्कसंगत यह था कि सिकंदर पुरु का राज्य अपने साथी आंभीक को सौंपकर उसे पूरे उत्तर-पश्चिमी भारत का एकच्छत्र शासक बना देता। आंभीक निश्चय ही ग्रीक प्रभाव में रहता और तब तक ग्रीक-विजय सिकंदर के भारत छोड़ते ही बिखर न गई होती।

ये सब यह सिद्ध करने के लिए पर्याप्त है कि पुरु की वीरता या बंदी पुरु के सुप्रसिद्ध उत्तर (जैसा एक राजा दूसरे राजा के साथ करता है), सिकंदर के प्रभावित होने की वह बात एक छद्म जाल था, जिसे ग्रीक लेखकों ने अपने हारते हुए सम्राट् की प्रतिष्ठा को बचाने के लिए बुना था।

इसमें संदेह नहीं कि ग्रीक अश्वारोहियों के आंभिक वेग के सम्मुख पुरु के रथ टिक नहीं सके। वर्षा के कारण दलदली भूमि ने भी रथों को बेकार कर दिया। पुरु के पास अश्वारोही कम थे और वे ग्रीक अश्वारोहियों के सामने टिक नहीं सके। आरंभ में पुरु को बहुत क्षति उठानी पड़ी और वह घायल भी हो गया, किंतु तत्काल उसने अपने 100 के लगभग हाथियों को आगे बढ़ाया और रथों को छोड़कर अपने अश्वारोहियों एवं पदातिकों को व्यूहबद्ध किया।

हस्ति-सेना ने यूनानियों का भयंकर संहार किया। वे आतंकित हो उठे। उनका वेग रुग गया और व्यूह छिन्न-भिन्न हो गया। स्वयं पुरु का भाला फेंकने का शौर्य पत्र-स्मृति बन गया है।

इस वीरता से तो सिकंदर को प्रभावित होना ही था। वह तिलमिला उठा। ग्रीक सेना का ऐसा विनाश उसके अपने अस्तित्व के लिए एक चुनौती था। पूर्ण पराजय की स्थिति में आंभीक पर विश्वास वह नहीं कर सकता था। इसलिए उसने तत्काल संधि के लिए उपक्रम किया।

जैसा कि कर्टियस ने लिखा है, पुरु का हाथी अवश्य मरा होगा और उसे अन्य वाहन लेना पड़ा होगा। पर इससे यह अर्थ कैसे निकल गया कि पुरु हार रहा था? जैसा कि माना गया है, संधि यदि सिकंदर की माँग पर की गई तो पुरु का सुप्रसिद्ध उत्तर पुरु की उदारता और सदाशयता का सूचक ही हो सकता है।

संधि के लिए दोनों सम्राट् मिले तो होंगे ही। यदि पुरु बंदी हो गया था तो सिकंदर द्वारा आंभीक को और तत्काल बाद मेरोस को भेजे जाने की बात कैसे और कहाँ से पैदा हो गई?

कूटनीतिक स्तर पर पुरु जीता, यह दिन की तरह उजागर है। उसके परंपरागत शत्रु आंभीक को मुँह की खानी पड़ी। स्वयं उसे ग्रीक आधिपत्य के लिए बाध्य नहीं होना पड़ा। ग्रीक सहायता से उसने दुर्दांत गणों को कुचल डाला। यह कूटनीतिक विजय पुरु को नहीं मिल सकती थी, यदि करेई के मैदान में वह पराजित हुआ होता और बंदी बनाकर सिकंदर के समक्ष लाया गया होता।

अपनी पुस्तक 'स्टडीज इन इंडियन हिस्टरी एंड सिविलाइजेशन' में डॉ. बुद्ध प्रकाश ने ग्रीक अभिलेखों के अत्यंत प्राचीन संस्करणों, जैसे कि स्यूडो केलिस्थींस आदि में नए अनुवादों, जोजेफ बेन गोरियन के 'हिस्टरी ऑफ द न्यूज' तथा फिरदौसी के 'शाहनामा' का हवाला देकर लिखा है कि ग्रीक अश्वारोहियों का बड़ा भाग इस युद्ध में नष्ट हो गया था।

सिकंदर ने युद्ध रोकने का आदेश दिया और त्रस्त व घबराई हुई अवस्था में उसने शांति की गुहार की। सिकंदर के सैनिक हाथियों की मार के सामने बिलबिला उठे थे और अपने राजा को छोड़कर भागने के लिए तैयार थे।

गोरियन ने लिखा है कि ग्रीक सैनिक सिकंदर को पकड़कर पुरु को सौंप देने तक की सोच उठे थे। इन विवरणों से सिद्ध हो जाता है कि पुरु के हारने व पकड़े जाने की कहानी झूठी थी और ग्रीक लेखकों ने जान-बूझकर गढ़ी थी। यही बात चंद्रगुप्त द्वारा सिकंदर से साँठ-गाँठ किए जाने के बारे में भी कही जा सकती है।

अगला सवाल यह है कि नंद ने चाणक्य का अपमान क्यों किया था और कब किया था? 'मुद्राराक्षस' के टीकाकार ढुंढिराज ने लिखा है कि नंद की भुक्तिशाला में चाणक्य के अग्रासन पर आ बैठने के कारण नंद ने उनका अपमान किया।

नंद वंश के नाश की प्रतिज्ञा करके चाणक्य पाटलिपुत्र छोड़कर अन्यत्र चले गए। 'कथासरित्सागर' में भी चाणक्य का अपमान इसी परिस्थिति में हुआ वर्णित है।

'महाबंसो' के टीकाकार के अनुसार, भी अग्रासन पर आ विराजने के कारण ही तक्षशिलावासी चाणक्य को नंद द्वारा अपमानित किया गया था। बालक चंद्रगुप्त इस अपमान के बाद ही उन्हें मिला, जिसे साथ लेकर वे तक्षशिला लौट गए।

चंद्रगुप्त मौर्य क्षत्रिय था और उसकी माँ मुरा अपने अनाथ बालक को किसी प्रकार पाल रही थी। बालक चंद्रगुप्त के राजा का खेल खेलने का भी यहीं सुंदर वर्णन है। जैन स्रोत भी 'महाबंसो' में वर्णित तथ्यों का न्यूनाधिक अनुमोदन करते हैं।

उपर्युक्त तथ्यों में बौद्ध एवं जैन स्रोतों से प्राप्त तथ्य अधिक युक्तिसंगत एवं यथार्थ प्रतीत होते हैं। सभी विवरण दो बातों को लेकर एक स्वर हैं—पहली यह कि युक्तिशाला में अग्रासन पर आ बैठने के कारण चाणक्य अपमानित हुए, जिससे उत्तेजित होकर नंद वंश के नाश की प्रतिज्ञा के बाद ही चंद्रगुप्त उनके संपर्क में आया।

ये दोनों बातें असंभव नहीं हैं। और यह भी असंगत नहीं है कि चाणक्य ने अपने प्रतिशोध की पूर्ति के लिए चंद्रगुप्त को प्रशिक्षित एवं सज्जित किया हो।

किंतु चाणक्य की विराट् कल्पना, उनकी अद्वितीय राजनीतिक एवं प्रशासकीय उपलब्धि तथा उनके द्वारा 'चाणक्य नीति' जैसे अद्‌भुत शास्त्र की रचना कहती है कि ऐसा समर्थ ऋषि व्यक्तिगत अपमान को लेकर ऐसा विकट संकल्प नहीं लेगा।

यह चोट निश्चय ही बहुत बड़ी और बहुत गहरी होनी चाहिए। संभवत: यह चोट पंजाब की टूटी-बिखरी अवस्था और सिकंदर के झंझावाती आक्रमण ने उन्हें दी थी।

असंभव नहीं कि वे सिकंदर के विरुद्ध सहायता माँगने के लिए नंद के दरबार में आए हों। चाणक्य जैसे संतुलित व्यक्ति का अनिमंत्रित आकर अग्रासन पर बैठ जाना निश्चय ही अटपटा प्रतीत होता है। होनहार चंद्रगुप्त को शायद कभी पहले वे ले आए होंगे और उस समय इसमें उनका कोई व्यक्तिगत उद्‌देश्य नहीं रहा होगा।

सिकंदर के आक्रमण के समय चंद्रगुप्त युवक था। अपमान के बाद वह चाणक्य की योजना का केंद्र बन गया और उन्होंने उसे ही मगध का सम्राट् बनाया।

लगभग सभी विद्वानों का मत है कि सिकंदर के चले जाने के बाद चाणक्य ने ग्रीक शक्ति को उखाड़ फेंकने के लिए अनथक प्रयास किया।

तक्षशिला में नियुक्त क्षत्रप फिलिप्स को मार डाला गया। ग्रीक छावनियों पर आक्रमण किए गए।

यह भी संकेत है कि राजा पुरु की हत्या चाणक्य की प्रेरणा से की गई। पुरु ने सिकंदर के साथ मिलकर जो विनाश किया था, वह चाणक्य को संभवत: रुचिकर नहीं लगा था।

इस समय तक नंद के विनाश का संकल्प दृढ़ हो चुका था। पंजाब में ग्रीक-विरोधी अभियान से चंद्रगुप्त को प्रतिष्ठा मिली होगी और सैन्य-संग्रह में सुगमता हुई होगी। पर लगता है, चाणक्य पंजाब में पर्याप्त सेना का संग्रह नहीं कर सके थे। 'मुद्राराक्षस' में वर्णित पर्वतक आदि पाँच राजाओं के सैन्य सहयोग की बात गलत नहीं हो सकती। लगता है, ये राजा हिमाचल और गढ़वाल के पहाड़ी राजा थे, जिन्हें धन देकर या साम्राज्य में भाग का लोभ

देकर चाणक्य ने अपने साथ मिला लिया होगा।

'मुद्राराक्षस' में वर्णित चाणक्य और पर्वतक मलयकेतु की टकराहट और पर्वतक की हत्या की घटनाएँ इसी तथ्य की ओर संकेत करती हैं।

एक अन्य समस्या, जिस पर इतिहासकारों एवं अन्य विद्वानों ने स्पष्ट प्रकाश नहीं डाला है, यह है कि चाणक्य अपनी सेना को इतनी दूर पाटलिपुत्र किस मार्ग से ले गए?

पंजाब से चलकर मार्ग के प्रदेशों-राज्यों को जीतते हुए आगे बढ़ने का उल्लेख केवल 'महाबंसो' में है। पर यह तर्कसंगत नहीं लगता। जिसके विषय में सुनकर सिकंदर की सेना साहस खो बैठी, उस मगध साम्राज्य की शक्ति से सीधा टकराने के साधन चाणक्य के पास कहाँ थे।

इससे सोए पड़े साम्राज्य में हलचल आ जाती और चाणक्य की अपेक्षाकृत छोटी सी सेना पल भर में नष्ट कर दी जाती।

योजना यही बनाई गई होगी कि सेना को चोरी-छुपे पाटलिपुत्र तक पहुँचाया जाए और अचानक आक्रमण करके राजधानी पर अधिकार कर लिया जाए। पर सेना को किस मार्ग से ले जाया जाए? उस काल में पूर्व की ओर जाने के लिए दो प्रमुख मार्ग थे। गंगा-यमुना का जल मार्ग और इन्हीं नदियों के समानांतर चलते स्थल मार्ग तथा वर्तमान अंबाला, सहारनपुर से होकर जानेवाला तराई का स्थल मार्ग।

पंजाब से आनेवाले व्यापारी सुदूर पूर्व तक जाने के लिए इस मार्ग को अधिक सहज और सुरक्षित पाते थे। इसके दोनों ओर अनेक संपन्न गण थे। यमुना को पार करते ही एक बड़ी मंडी थी, जिसे 'बृहदतर' कहा जाता था।

सर्वाधिक युक्तिसंगत यही लगता है कि चाणक्य इसी मार्ग से अपनी सेना को ले गए, शायद व्यापारियों के वेश में।

अंतिम गुत्थी यह है कि क्या सेल्यूकस ने अपनी कन्या का विवाह चंद्रगुप्त से किया था? कहा गया है कि सिकंदर के आक्रमण के समय सेल्यूकस की पुत्री से युवक चंद्रगुप्त का प्रेम हो गया था और जब वर्षों बाद सेल्यूकस ने भारत पर आक्रमण किया और वह पराजित हुआ, तब दोनों विवाह-सूत्र में बँधे।

सिकंदर का भारत में आना और वापस जाना 326 ई.पू. में संपन्न हुआ। 323 ई.पू. में चंद्रगुप्त सम्राट् बना और उसने दुर्घटना से, जो संभवत: नंद की दुहिता थी, विवाह किया। अगले वर्ष अर्थात् 322 ई.पू. में बिंदुसार का जन्म हुआ।

सेल्यूकस का आक्रमण 303 ई.पू. में हुआ और उस समय बिंदुसार लगभग 19 वर्ष का था। कुल चार वर्ष बाद चंद्रगुप्त राज्य-त्याग करके जैन मुनि बन गया बताया जाता है। इससे लगता है कि 303 ई.पू. में चंद्रगुप्त की मन:स्थिति नया विवाह करने की नहीं हो सकती।

फिर यदि 326 ई.पू. में सेल्यूकस की बेटी से चंद्रगुप्त के प्रेम की बात मान भी ली जाए तो क्या 22-23 वर्ष बाद लगभग 40 वर्ष की आयु तक वह अविवाहित बैठी रही? सेल्यूकस की एक बेटी फिला के एंटीगोनस से विवाह का उल्लेख मिलता है। संभवत: फिला ही चंद्रगुप्त की कल्पित प्रेमिका थी।

संधि की शर्तों के अनुसार यवन कन्या का विवाह एक राजनीतिक विवाह था, जो निश्चित रूप से विरक्ति की ओर उन्मुख चंद्रगुप्त के स्थान पर उसके युवक पुत्र बिंदुसार से किया गया होगा। यह कन्या वह किशोरी नहीं हो सकती, जिससे चंद्रगुप्त के प्रेम की बात प्रसिद्ध है।

चाणक्य के अंत के विषय में कोई प्रामाणिक सूचना नहीं है। यह निश्चित है कि बिंदुसार के शासन के आरंभिक वर्षों में वे महामात्य थे। जैन स्रोत परिशिष्ट वर्ष के अनुसार चाणक्य के द्वारा नियुक्त और संभवत: उन्हीं के शिष्य एक सुबंधु नामक अमात्य ने ईर्ष्या के वशीभूत होकर उन्हें उपलों की आग में जलाकर मार डाला था। नहीं कहा जा सकता कि वे जलकर मर गए थे या किसी युक्ति से बचकर निकल गए थे।

चाणक्य भारतीय इतिहास एवं संस्कृति के प्रमुख शलाका पुरुषों में से एक थे। विश्व के रचनात्मक कूटनीतिज्ञों एवं राजनीतिज्ञों के बीच वे उच्चासन पर प्रतिष्ठित हैं।

भिक्षा भोगी अकिंचन छात्र एवं अध्यापक के रूप में आरंभ करनेवाला एक नितांत साधन-शून्य ब्राह्मण कैसे राजनीति के आकाश में सूर्य बनकर

चमक सका एवं इतने वृहद् व दृढ़ साम्राज्य का निर्माण कर सका। इसका उत्तर मात्र कूटनीतिक कुटिलताएँ खोजना तर्कसंगत नहीं होगा।

चाणक्य में व्यक्तिगत महत्त्वाकांक्षा अर्थात् अपने अहं के विस्तार की वासना का पूर्ण अभाव था। पूरी भारत भूमि के कल्याण के लिए उसे राजनीति के एक सूत्र में पिरोने की महत् कल्पना उन्हें प्रेरित कर रही थी।

गहन अध्यात्म एवं क्रूर सांसारिक यथार्थ को समान गरिमा प्रदान करने और दोनों को परस्पर पूरक मानने का विवेक उनमें कूट-कूटकर भरा था।

सामने के व्यक्ति एवं प्रस्तुत परिस्थिति के तलातल को निरावरित कर देख पाने की उनमें अद्‌भुत क्षमता थी तथा दोनों का अपने उद्‌देश्य के लिए उपयोग करने की प्रखर प्रतिभा थी।

एक दिव्य अंतर्दृष्टि एवं एक अद्वितीय निर्द्वंद्व साहस की दुर्लभ पूँजी से वे संपन्न थे। इन सब क्षमताओं के साथ वे शास्त्रकार भी थे और उनकी 'चाणक्य नीति' राजनीतिक एवं प्रशासनिक यथार्थ का एक अप्रतिम दस्तावेज है।

चाणक्य का गौरव नंद को हटाकर चंद्रगुप्त को मगध का सम्राट् बनाने में नहीं, आक्रामक सेल्यूकस को अभूतपूर्व पराजय देने और भारत की सीमा को हिमालय के पार तक ले जाने में निहित रहा है। चाणक्य इस देश के प्रेरणा-स्रोत रहे हैं और आगे भी रहेंगे।

□

विलक्षण ग्रंथ है 'अर्थशास्त्र'

सर्वप्रथम सन् 1905 में दक्षिण भारत के तंजौर जिला निवासी एक ब्राह्मण ने मैसूर गवर्नमेंट उच्च पुस्तकालय में कौटिल्य के 'अर्थशास्त्र' की एक हस्तलिखित प्रति भेंट की। पुस्तकालय के तत्कालीन अध्यक्ष शाम शास्त्री ने उस प्रति का सूक्ष्म अध्ययन करके उसका प्रथम संस्करण वर्ष 1909 में प्रकाशित किया और पुस्तक के साथ प्राप्त भट्ट स्वामी की आंशिक टीका के आधार पर सन् 1915 में उसका अंग्रेजी अनुवाद भी प्रकाशित किया।

पुस्तक के प्रकाशन के साथ ही भारत तथा पाश्चात्य देशों में हलचल मच गई, क्योंकि इसमें शासन-विज्ञान के उन अद्भुत तत्त्वों का वर्णन पाया गया, जिनके संबंध में भारतीयों को सर्वथा अनभिज्ञ समझा जाता था।

पाश्चात्य विद्वान् फ्लीट, जौली आदि ने इस पुस्तक को एक अत्यंत महत्त्वपूर्ण ग्रंथ बतलाया और इसे भारत के प्राचीन इतिहास के निर्माण में परम सहायक साधन स्वीकार किया।

इस पुस्तक की रचना आचार्य विष्णुगुप्त ने की, जिन्हें कौटिल्य और चाणक्य के नामों से भी स्मरण किया जाता है। पुस्तक की समाप्ति पर स्पष्ट रूप से लिखा गया है—

'प्राय: भाष्यकारों का शास्त्रों के अर्थ में परस्पर मतभेद देखकर विष्णुगुप्त ने स्वयं ही सूत्रों को लिखा और स्वयं ही उनका भाष्य भी किया।'

साथ ही यह भी लिखा गया है—

'इस शास्त्र (अर्थशास्त्र) का प्रणयन उसने किया है, जिसने अपने क्रोध द्वारा नंदों के राज्य को नष्ट करके शास्त्र, शस्त्र और भूमि का उद्धार किया।'

'विष्णुपुराण' में इस घटना की चर्चा इस तरह की गई है—'महापद्म नंद नाम का एक राजा था। उसके नौ पुत्रों ने सौ वर्षों तक राज्य किया। उन नंदों को कौटिल्य ने स्वयं प्रथम चंद्रगुप्त का राज्याभिषेक किया। चंद्रगुप्त का पुत्र बिंदुसार हुआ और बिंदुसार का पुत्र अशोकवर्धन हुआ।'

'नीतिसार' के कर्ता कामंदक ने भी घटना की पुष्टि करते हुए लिखा है—'इंद्र के समान शक्तिशाली आचार्य विष्णुगुप्त ने अकेले ही वज्र सदृश अपनी मंत्र-शक्ति द्वारा पर्वत तुल्य महाराज नंद का नाश कर दिया और उसके स्थान पर मनुष्यों में चंद्रमा के समान चंद्रगुप्त को पृथ्वी के शासन पर अधिष्ठित किया।'

इन उदाहरणों से स्पष्ट है कि विष्णुगुप्त और कौटिल्य एक ही व्यक्ति थे। 'अर्थशास्त्र' में ही द्वितीय अधिकारण के दशम अध्याय के अंत में पुस्तक के रचयिता का नाम 'कौटिल्य' बताया गया है—

'सब शास्त्रों का अनुशीलन करके और उनका प्रयोग भी जान करके कौटिल्य ने राजा (चंद्रगुप्त) के लिए इस शासन-विधि (अर्थशास्त्र) का निर्माण किया है।

पुस्तक के आरंभ में 'कौटिल्येन कृते शास्त्रम्' तथा प्रत्येक अध्याय के अंत में 'इति कौटिलीयेर्थशास्त्रे' लिखकर ग्रंथकार ने अपने 'कौटिल्य' नाम को अधिक विख्यात किया है। जहाँ-तहाँ अन्य आचार्यों के मत का प्रतिपादन किया है, अंत में 'इति कौटिल्य' अर्थात् कौटिल्य का मत है, इस तरह कहकर 'कौटिल्य' नाम के लिए अपना अधिक पक्षपात प्रदर्शित किया है।

परंतु यह सर्वथा निर्विवाद है कि विष्णुगुप्त तथा कौटिल्य भिन्न व्यक्ति थे। उत्तरकालीन दंडी कवि ने इसे आचार्य विष्णुगुप्त नाम से यदि कहा है तो बाणभट्ट ने इसे ही 'कौटिल्य' नाम से पुकारा है। दोनों का कथन है कि इस आचार्य ने 'दंडनीति' या 'अर्थशास्त्र' की रचना की।

'पंचतंत्र' में इसी आचार्य का नाम चाणक्य दिया गया है, जो 'अर्थशास्त्र' का रचयिता है। कवि विशाखदत्त प्रणीत सुप्रसिद्ध नाटक 'मुद्राराक्षस' में चाणक्य को कभी कौटिल्य तो कभी विष्णुगुप्त नाम से संबोधित किया गया है।

कहते हैं कि अंतिम महाराज नंद (योगानंद) ने अपने मंत्री शकटार को

श्राद्ध के लिए ब्राह्मणों को एकत्रित करने के लिए कहा। शकटार राजा द्वारा पूर्व में किए गए किसी अपमान से पीड़ित था।

उसने एक ऐसे क्रोधी ब्राह्मण को ढूँढ़ना शुरू किया, जो श्राद्ध में उपस्थित होकर राजा को अपने ब्रह्म तेज से भस्म कर दे। खोज करते हुए उसने एक कुरूप, कृष्णकाय ब्राह्मण को देखा, जो किसी जंगल में काँटेदार झाड़ियों को काट रहा था और उनकी जड़ों में खट्टा दही डाल रहा था।

शकटार द्वारा इसका कारण पूछे जाने पर उस ब्राह्मण ने कहा, "इन झाड़ियों के काँटों के चुभने से मेरे पिता का देहांत हुआ, अतः मैं इन्हें समूचा नष्ट कर रहा हूँ।"

उस क्रोधी ब्राह्मण को शकटार ने उपयुक्त निमंत्रण योग्य ब्राह्मण जाना और उससे महाराज नंद द्वारा आयोजित ब्रह्मभोज में उपस्थित होने की प्रार्थना की।

ब्राह्मण ने उस निमंत्रण को सहर्ष स्वीकार कर लिया। नियत समय पर जब वह ब्राह्मण ब्रह्मभोज के लिए उपस्थित हुआ, मंत्री शकटार ने आदरपूर्वक उसे सर्वप्रथम आसन पर विराजमान किया।

ब्रह्मभोज आरंभ होने पर जब महाराज नंद ब्राह्मणों का दर्शन करने के लिए आया तो सर्वप्रथम एक कुरूप, कृष्णकाय, भीषण व्यक्ति को देखकर अति क्रुद्ध होकर कहने लगा, "इस चांडाल को ब्रह्मभोज में क्यों लाया गया है?"

ब्राह्मण इस अपमान को सहन नहीं कर सका और उसने भोजन छोड़कर तत्काल अपनी शिखा खोलते हुए यह प्रतिज्ञा की, "जब तक मैं नंद वंश को समूल नष्ट करके अपने इस अपमान का बदला नहीं ले लूँगा, तब तक शिखा-बंधन नहीं करूँगा।"

ऐसी गर्जना करता हुए वह ब्राह्मण ब्रह्मभोज से उठकर चला गया। शकटार अपनी इच्छा को पूर्ण होता हुआ देखकर अति प्रसन्न हुआ।

इसी ब्राह्मण ने, जो चाणक्य थे, अपनी मंत्र-शक्ति द्वारा अकेले ही नंद राजाओं का नाश किया और चंद्रगुप्त मौर्य को भारतवर्ष के प्रथम सम्राट् के रूप में प्रतिष्ठित किया।

भारत उस समय जनपदों में बँटा हुआ था, जिन पर छोटे-छोटे राजा शासन करते थे। चाणक्य ने उन सबको चंद्रगुप्त के अधीन किया और पहली बार भारत को एक साम्राज्य में संगठित किया।

इसी साम्राज्य को चंद्रगुप्त के पौत्र अशोक ने धर्म विजयों द्वारा अफगानिस्तान से दक्षिण तक और बंगाल से काठियावाड़ तक विस्तृत किया। इन्हीं मौर्य सम्राटों द्वारा वस्तुत: भारत का एक राष्ट्र संघ सर्वप्रथम विकसित हुआ, जिसका मूल श्रेय उसी नीति विशारद, कूटनीतिज्ञ, दूरद्रष्टा ब्राह्मण को है, जिसे कौटिल्य, चाणक्य या विष्णुगुप्त नामों से पुकारा गया है।

'अर्थशास्त्र' की रचना 'शासन-विधि' के रूप में प्रथम मौर्य सम्राट् चंद्रगुप्त के लिए की गई। अत: इसकी रचना का काल वही मानना उचित है, जो सम्राट् चंद्रगुप्त का काल है। पुरातत्त्ववेत्ता विद्वानों ने यह काल 321 ई.पू. से 296 ई.पू. तक निश्चित किया है। कई अन्य विद्वान् सम्राट् सेंड्राकोटस (जो यूनानी इतिहास में सम्राट् चंद्रगुप्त का पर्यायवाची है) के आधार पर निश्चित की हुई इस तिथि को स्वीकार नहीं करते।

इस 'अर्थशास्त्र' का विषय क्या है? जैसे ऊपर कहा गया है, इसका मुख्य विषय शासन-विधि अथवा शासन-विज्ञान है, 'कौटिल्येन नरेंद्रार्थे शासनस्य विधि कृत:।' इन शब्दों से स्पष्ट है कि आचार्य चाणक्य ने इसकी रचना राजनीति-शास्त्र तथा विशेषतया शासन-प्रबंध की विधि के रूप में की।

'अर्थशास्त्र' की विषय-सूची देखने से (जहाँ अमात्योत्पत्ति, मंत्राधिकार, दूत-प्रणिधि, अध्यक्ष नियुक्ति, दंडकर्म, षाड्गुण्यसमुद्देश्य, राजराज्ययो, व्यसन चिंता, बलोपादान-काल, स्कंधावार-निवेश, कूट-युद्ध, मंत्र-युद्ध इत्यादि विषयों का उल्लेख है) यह सर्वथा प्रमाणित हो जाता है कि इसे आजकल कहे जानेवाले 'अर्थशास्त्र' (इकोनॉमिक्स) की पुस्तक कहना भूल है। प्रथम अधिकरण के प्रारंभ में ही स्वयं आचार्य ने इसे 'दंडनीति' नाम से सूचित किया है।

शुक्राचार्य ने दंडनीति को इतनी महत्त्वपूर्ण विद्या बताया है कि इसमें अन्य सब विद्याओं का अंतर्भाव मान लिया है; क्योंकि 'शस्त्रेण रक्षिते देशे

शास्त्रचिंता प्रवर्तते' की उक्ति के अनुसार शस्त्र (दंड) द्वारा सुशासित तथा सुरक्षित देश में ही वेद आदि अन्य शास्त्रों की चिंता या अनुशीलन हो सकता है। अतः दंडनीति को अन्य सब विद्याओं की आधारभूत विद्या के रूप में स्वीकार करना आवश्यक है—और वही दंडनीति अर्थशास्त्र है।

जिसे आजकल 'अर्थशास्त्र' कहा जाता है, उसके लिए 'वार्त्ता' शब्द का प्रयोग किया गया है, यद्यपि यह शब्द पूर्णतया अर्थशास्त्र का द्योतक नहीं।

कौटिल्य ने वार्त्ता के तीन अंग कहे हैं—कृषि, वाणिज्य तथा पशुपालन, जिनसे प्रायः वृत्ति या जीविका का उपार्जन किया जाता था।

मनु, याज्ञवल्क्य आदि शास्त्रकारों ने भी इन तीन अंगोंवाले वार्त्ता शास्त्र को स्वीकार किया है। बाद में शुक्राचार्य ने इस वार्त्ता में कुसीम (बैंकिंग) को भी वृत्ति के साधन के रूप में सम्मिलित कर दिया है।

परंतु 'अर्थशास्त्र' को सभी शास्त्रकारों ने दंडनीति या शासन विज्ञान के रूप में ही वर्णित किया है। अतः 'कौटिल्य अर्थशास्त्र' को राजनीति की पुस्तक समझना ही ठीक होगा, न कि संपत्ति शास्त्र की पुस्तक। वैसे इसमें कहीं-कहीं संपत्ति शास्त्र के धनोत्पादन, धनोपभोग तथा धन विनिमय, धन विभाजन आदि विषयों की भी प्रासंगिक चर्चा की गई है।

'कौटिल्य अर्थशास्त्र' के प्रथम अधिकरण का प्रारंभिक वचन इस संबंध में अधिक प्रकाश डालनेवाला है—

'पृथिव्या लाभे पालने च चावन्त्यर्थशास्त्राणि पूर्णाचार्यो: प्रस्तावितानि।
प्रापशः तानि संहत्य एकमिदमर्थशास्त्र कृतम्।'

—अर्थात् प्राचीन आचार्यों ने पृथ्वी जीतने और पालन के उपाय बतानेवाले जितने अर्थशास्त्र लिखे हैं, प्रायः उन सबका सार लेकर इस एक 'अर्थशास्त्र' का निर्माण किया गया है।

यह उद्धरण 'अर्थशास्त्र' के विषय को जहाँ स्पष्ट करता है, वहाँ इस सत्य को भी प्रकाशित करता है कि 'कौटिल्य अर्थशास्त्र' से पूर्व अनेक आचार्यों ने अर्थशास्त्र की रचनाएँ कीं, जिनका उद्‌देश्य पृथ्वी-विजय तथा उसके पालन के उपायों का प्रतिपादन करना था।

उन आचार्यों तथा उनके संप्रदायों के कुछ नामों का निर्देशन 'कौटिल्य अर्थशास्त्र' में किया गया है। यद्यपि उनकी कृतियाँ आज उपलब्ध भी नहीं होतीं। ये नाम निम्नलिखित हैं—

1. मानव—मनु के अनुयायी
2. बार्हस्पत्य—बृहस्पति के अनुगामी
3. औशनस—उशना या शुक्राचार्य के मतानुयायी
4. भारद्वाज (द्रोणाचार्य)
5. विशालाक्ष
6. पराशर
7. पिशुन (नारद)
8. कौणपदंत (भीष्म)
9. वाताव्याधि (उद्धव)
10. बाहुदंती-पुत्र (इंद्र)।

'अर्थशास्त्र' के इन संप्रदायों के आचार्यों में प्रायः सभी के संबंध में कुछ-न-कुछ ज्ञात है, परंतु विशालाक्ष के बारे में बहुत कम परिचय प्राप्त होता है।

इन नामों से यह तो अत्यंत स्पष्ट है कि अर्थशास्त्र व नीतिशास्त्र के प्रति अनेक महान् विचारकों तथा दार्शनिकों का ध्यान गया और इस विषय पर एक उज्ज्वल साहित्य का निर्माण हुआ।

आज वह साहित्य लुप्त हो चुका है। अनेक विदेशी आक्रमणों तथा राज्य क्रांतियों के कारण इस साहित्य का नाम मात्र शेष रह गया है, परंतु जितना भी साहित्य अवशिष्ट है, वह एक विस्तृत अर्थशास्त्रीय परंपरा का संकेत करता है।

'कौटिल्य अर्थशास्त्र' में इन पूर्वाचार्यों के विभिन्न सूत्रों का स्थान-स्थान पर संग्रह किया गया है और उनके शासन संबंधी सिद्धांतों का विश्लेषणात्मक विवेचन किया गया है।

इस 'अर्थशास्त्र' में एक ऐसी शासन-पद्धति का विधान किया गया है, जिसमें राजा या शासक प्रजा का कल्याण संपादन करने के लिए शासन

करता है। राजा स्वेच्छाचारी होकर शासन नहीं कर सकता। उसे मंत्रिपरिषद् की सहायता प्राप्त करके ही प्रजा पर शासन करना होता है।

राज-पुरोहित राजा पर अंकुश के समान है, जो धर्म मार्ग से च्युत होने पर राजा का नियंत्रण कर सकता है और उसे कर्तव्य-पालन के लिए विवश कर सकता है। सर्वलोक-हितकारी राष्ट्र का जो स्वरूप कौटिल्य को अभिप्रेत है, वह 'अर्थशास्त्र' के निम्नलिखित वचन से स्पष्ट है—

प्रजा सुखे सुखं राज्ञः प्रजानां च हिते हितम्।
नात्यप्रियं प्रियं राज्ञः प्रजानां तु प्रियं प्रियम्॥

अर्थात्—प्रजा के सुख में राजा का सुख है, प्रजा के हित में उसका हित है। राजा का अपना प्रिय (स्वार्थ) कुछ नहीं है। प्रजा का प्रिय ही उसका प्रिय है।

यह सत्य है कि कौटिल्य ने राष्ट्र की रक्षा के लिए गुप्त प्रणिधियों के एक विशाल संगठन का वर्णन किया है। शत्रु-नाश के लिए विष-कन्या, गणिका, औपनिषदिक प्रयोग, अभिचार मंत्र आदि अनैतिक एवं अनुचित उपायों का विधान है और इस उद्देश्य की प्राप्ति के लिए महान् धन-व्यय तथा धन-क्षय को भी राष्ट्रनीति के अनुकूल घोषित किया है।

'कौटिल्य अर्थशास्त्र' में ऐसी चर्चाओं को देखकर ही 'मुद्राराक्षस' के कवि विशाखदत्त ने चाणक्य को कुटिल मति (कौटिल्यः कुटिकमतिः) कहा है और बाणभट्ट ने 'कौटिल्य अर्थशास्त्र' को 'निर्गुण' तथा 'अतिनृशंसप्रायोपदेशम्' (निर्दयता तथा नृशंसता का उपदेश देनेवाला) कहकर निंदित बतलाया है।

'मंजुश्री मूलकल्प' नाम की एक नवीन उपलब्ध ऐतिहासिक कृति में कौटिल्य को 'दुर्मति', 'क्रोधन' और 'पापक' पुकारकर निंदा का पात्र प्रदर्शित किया गया है।

प्राच्य विद्या के विशेषज्ञ अनेक आधुनिक पाश्चात्य विद्वानों ने भी उपर्युक्त अनैतिक व्यवस्थाएँ देखकर कौटिल्य की तुलना यूरोप के प्रसिद्ध लेखक और राजनीतिज्ञ मेकियावेली से की है, जिसने अपनी पुस्तक 'द प्रिंस' में राजा को लक्ष्य-प्राप्ति के लिए उचित-अनुचित सभी साधनों का आश्रय लेने का उपदेश दिया है।

विंटरनित्ज आदि पाश्चात्य विद्वान् कौटिल्य तथा मेकियावेली में

निम्नलिखित समानताएँ प्रदर्शित करते हैं—

(क) मेकियावेली और कौटिल्य दोनों राष्ट्र को ही सबकुछ समझते हैं। वे राष्ट्र को अपने में ही उद्देश्य मानते हैं।

(ख) कौटिल्य नीति का मुख्य आधार है—'आत्मोदय: परग्लानि', अर्थात् दूसरों की हानि पर अपना अभ्युदय करना। मेकियावेली ने भी दूसरे देशों की हानि पर अपने देश की अभिवृद्धि करने का पक्ष पोषण किया है।

दोनों एक समान स्वीकार करते हैं कि इस प्रयोजन की सिद्धि के लिए कितने भी धन व जन के व्यय से शत्रु का विनाश अवश्य करना चाहिए।

(ग) अपने उद्देश्य की सिद्धि के लिए किसी भी साधन, नैतिक या अनैतिक, का आश्रय लेना अनुचित नहीं है। मेकियावेली और कौटिल्य दोनों का मत है कि साध्य को सिद्ध करना ही राजा का एकमात्र लक्ष्य होना चाहिए। साधनों के औचित्य या अनौचित्य की उसे चिंता नहीं करनी चाहिए।

(घ) दोनों युद्ध को दंड-नीति का आवश्यक अंग मानते हैं। दोनों की सम्मति में प्रत्येक राष्ट्र को युद्ध के लिए उद्यत रहना चाहिए, क्योंकि इसी के द्वारा देश की सीमा तथा प्रभाव का विस्तार हो सकता है।

(ङ) अपनी प्रजा में आतंक स्थापित करके दृढ़ता तथा निर्दयता से उस पर शासन करना दोनों एक साथ प्रतिपादित करते हैं। दोनों एक विशाल सुसंगठित गुप्तचर विभाग की स्थापना का समर्थन करते हैं, जो प्रजा के प्रत्येक पार्श्व में प्रवेश करके राजा के प्रति उसकी भक्ति की परीक्षा करे और शत्रु से सहानुभूति रखनेवाले लोगों को गुप्त उपायों से नष्ट करने का यत्न करे।

अधिकतर विद्वानों का कहना है कि कौटिल्य तथा मेकियावेली में ऐसी समानता दिखाना युक्तिसंगत नहीं। निस्संदेह कौटिल्य भी मेकियावेली के समान यथार्थवादी थे और केवल आदर्शवाद के अनुयायी नहीं थे। परंतु यह कहना कि कौटिल्य ने धर्म या नैतिकता को सर्वथा तिलांजलि दे दी थी, सत्य के विपरीत होगा। कौटिल्य ने 'अर्थशास्त्र' के प्रथम अधिकरण में ही स्थापना की है—

तस्मात् स्वधर्म भूतानां राजा न व्यभिचारयेत्।
स्वधर्मसन्दधानो हि प्रेत्य चेह न नन्दति॥

—अर्थात् राजा प्रजा को अपने धर्म से च्युत न होने दे। राजा भी अपने धर्म का आचरण करे। जो राजा अपने धर्म का इस भाँति आचरण करता है, वह इस लोक और परलोक में सुखी रहता है।

इसी प्रथम अधिकरण में ही राजा द्वारा अमर्यादाओं को व्यवस्थित करने पर भी बल दिया गया है और वर्ण तथा आश्रम-व्यवस्था को सुदृढ़ करने के लिए आदेश दिया गया है।

यहाँ पर त्रयी तथा वैदिक अनुष्ठान को प्रजा के संरक्षण का मूल आधार बतलाया गया है।

कौटिल्य ने स्थान-स्थान पर राजा को वृद्धों की संगति करनेवाला, विद्या से विनम्र, जितेंद्रिय और काम-क्रोध आदि शत्रु षड्वर्ग का दमन करनेवाला कहा है। ऐसा राजा अधार्मिक या अत्याचारी बनकर किस प्रकार प्रजा-पीड़न कर सकता है?

इसके विपरीत, राजा को प्रजा के लिए पितृ-तुल्य कहा गया है, जो अपनी प्रजा का पालन-पोषण, संवर्धन-संरक्षण, भरण-शिक्षण इत्यादि वैसा ही करता है, जैसा वह अपनी संतान का करता है।

यह ठीक है कि कौटिल्य ने शत्रु-नाश के लिए अनैतिक उपायों के करने का भी उपदेश किया है, परंतु इस संबंध में 'अर्थशास्त्र' के निम्न वचन को नहीं भूलना चाहिए—

'एवं दूष्येषु अधार्मिकेषु वर्तेत न इतरेषु।'

—अर्थात् इन कूटनीति के उपायों का व्यवहार केवल धार्मिक एवं दुष्ट लोगों के साथ ही करें, धार्मिक लोगों के साथ नहीं। (धर्म-युद्ध में भी अधार्मिक व्यवहार सर्वथा वर्जित था। केवल कूट युद्ध में अधार्मिक शत्रु को नष्ट करने के लिए इसका प्रयोग किया जा सकता था।)

□

चाणक्य और मैनेजमेंट

आचार्य चाणक्य ने ऐसे कई अचूक सूत्र और परामर्श दिए हैं, जो वर्तमान युग के मैनेजरों के लिए अत्यंत उपयोगी सिद्ध हो सकते हैं। चाणक्य ने मैनेजरों को बताया है कि सही समय पर सटीक निर्णय किस तरह लेना चाहिए और ग्राहकों को किस तरह संतुष्ट करना चाहिए।

उन्होंने लिखा है—"गरमी के मौसम में तुम हाथियों को आसानी से पकड़ सकते हो, क्योंकि उस समय पानी की किल्लत होती है और हाथी झुंड बनाकर पानी की तलाश में घने जंगल से निकलकर बाहर आते हैं।"

चाणक्य की इस नसीहत में मार्केटिंग की समूची रणनीति निहित है। मैनेजर को बाजार की परिस्थितियों का आकलन करना चाहिए और व्यवसाय में कामयाबी हासिल करने के लिए ग्राहकों की जरूरतों की पूर्ति करनी चाहिए।

हाल के दिनों तक कॉरपोरेट घरानों की मार्केटिंग रणनीतियाँ शहरी ग्राहकों के इर्द-गिर्द ही घूमती रही थीं। बैंक, बीमा कंपनियाँ, दूरसंचार सेवा प्रदाता एवं सौंदर्य उत्पादन कंपनियाँ अब गाँवों की तरफ अपने दायरे का विस्तार करने लगी हैं और नए उपभोक्ताओं तथा नए बाजारों को लुभाने की रणनीति बनाने लगी हैं।

चाणक्य ने ग्रामीण बाजार की संभावनाओं को अच्छी तरह समझा था और अपना मत व्यक्त किया था कि राजनीतिक शक्ति या संपदा गाँवों को आधार बनाकर ही हासिल की जा सकती है।

चाणक्य ने मानव संसाधन प्रबंधन के बारे में भी कई अनमोल सूत्र

दिए। उनकी पुस्तक 'अर्थशास्त्र' में कर्मचारियों की नियुक्ति, तबादला, पदोन्नति, पारिश्रमिक एवं अन्य पहलुओं के बारे में विस्तारपूर्वक रोशनी डाली गई है।

चाणक्य का कहना है कि किसी भी विभाग की जिम्मेदारी विशेषज्ञ व्यक्ति को सौंपी जानी चाहिए। आज के युग की कंपनियों में इस तरह के विशेषज्ञ मैनेजरों के पदों का सृजन किया जा रहा है। उदाहरण के तौर पर, मैनेजर क्षतिपूर्ति एवं लाभ, मैनेजर प्रशिक्षण एवं विकास, मैनेजर कर्मचारी संबंध आदि।

ये ऐसे पद हैं, जिनकी कल्पना चाणक्य ने हजारों वर्ष पहले ही की थी। चाणक्य ने कहा था कि किसी के हाथ में पूर्ण सत्ता नहीं सौंपी जानी चाहिए, क्योंकि वह जानते थे कि पूरी सत्ता व्यक्ति को भ्रष्ट बना देती है।

चाणक्य ने प्रगति को चार चरणों में परिभाषित किया—पहला, व्यक्ति को लक्ष्य तक पहुँचना चाहिए; दूसरा, प्रगति निरंतर होती रहनी चाहिए; तीसरा, आपको प्रगति का विस्तार करना चाहिए; चौथा, आपको सभी अंशधारकों तक प्रगति के फल को पहुँचाने की व्यवस्था करनी चाहिए।

किसी व्यवसायी की जिम्मेदारी महज व्यावसायिक प्रतिष्ठान की स्थापना करने के साथ ही समाप्त नहीं हो जाती है। प्रतिष्ठान को खड़ा करने के लिए काफी चुनौतियों का सामना करना पड़ता है। हर कंपनी को बाजार में प्रतिस्पर्धा का सामना करना पड़ता है और अग्रणी बनाने के लिए सतत प्रयत्न करना पड़ता है।

कॉरपोरेट सामाजिक दायित्व की पूर्ति करते हुए कंपनियों को अपनी सफलता के फल को अपने कर्मचारियों और समाज के बीच बाँटना चाहिए। चाणक्य ने इसे एक अहम शर्त बताया है।

कोई भी मैनेजमेंट की किताब आपको व्यवसाय-संचालन की विधियाँ सिखा सकती है। उनकी बताई गई विधियाँ ऐसी मीठी गोलियों की तरह होती हैं, जो व्यावहारिकता के धरातल पर असरदार सिद्ध नहीं हो पातीं। उनके परामर्शों में किसी तरह की गहराई नहीं होती। लेकिन कौटिल्य का

'अर्थशास्त्र' ऐसा ग्रंथ है, जो आपको कारगर व्यवस्था का निर्माण करने का तरीका सिखलाता है, जिस व्यवस्था के आधार पर आप सतत प्रगति कर सकते हैं।

चाणक्य ने अपनी पुस्तक में सांगठनिक ढाँचे को निचले स्तर से ही मजबूत बनाने की विधियों पर रोशनी डाली है।

अगर आप दस हाथियों को पकड़ना चाहते हैं तो इसके लिए आपको केवल एक हाथी की जरूरत होगी। हाथी समूह में रहना पसंद करते हैं। वे अकेले नहीं रह सकते। एक अकेला हाथी हमेशा हाथियों के झुंड की तलाश करेगा। इस तरह आप दूसरे हाथियों को भी पकड़ सकते हैं।

चाणक्य के इस उदाहरण की तुलना आप संपत्ति-सृजन की योग्यता के साथ भी कर सकते हैं।

सबसे पहले आपको कुछ राशि कमाने की जरूरत होती है। फिर कमाई गई राशि स्वयं ही अधिक राशि का सृजन कर सकती है।

वर्तमान युग के निवेशकों की आचार-संहिता की जड़ हम कौटिल्य के 'अर्थशास्त्र' में आसानी से ढूँढ़ सकते हैं। इस ग्रंथ की रचना भले ही 3,000 वर्ष पहले की गई थी, मगर यह आज भी प्रासंगिक बना हुआ है।

चाणक्य ने आचरण की दक्षताओं के संबंध में भी प्रभावी सूत्र प्रस्तुत किए हैं। उन्होंने लिखा है—"अगर आपको कोई कीमती उपहार दे रहा है तो आपको सावधान हो जाना चाहिए, क्योंकि वह आपसे बदले में उससे भी अधिक किसी कीमती वस्तु की अपेक्षा कर रहा है।"

चाणक्य ने लिखा है—"अनावश्यक रूप से निरर्थक वार्त्तालाप में समय बरबाद नहीं करना चाहिए। ऐसा करने से व्यक्ति का नुकसान हो सकता है। अपने क्रोध पर नियंत्रण रखने का प्रयास करना चाहिए, नहीं तो क्रोध आपको नियंत्रित करने लगेगा।"

उन्होंने लिखा है—"कभी भी गुरु या बुजुर्गों से मिलने के लिए खाली हाथ नहीं जाना चाहिए। अपने साथ कुछ फल या मिठाई लेकर जाना चाहिए। अपनी संतान का अच्छी तरह पालन-पोषण करना चाहिए, ताकि भविष्य में वे अपने माता-पिता की देखभाल कर सकें।"

चाणक्य का कहना है कि गलत तरीके से कमाया गया धन नष्ट हो जाता है। व्यक्ति को हमेशा अपना विश्लेषण करना चाहिए और दैनंदिन व्यवहार पर नजर रखनी चाहिए।

ऐसे अनगिनत सूत्र चाणक्य ने दिए हैं, जिन्हें जीवन में अपनाकर सफल और प्रभावशाली मैनेजर बनना संभव है।

□

वर्तमान में भी प्रासंगिक हैं आचार्य चाणक्य

ऐसे लोगों की बड़ी संख्या है, जो इस बात पर सवाल खड़ा कर सकते हैं कि आखिर आज भी आचार्य चाणक्य प्रासंगिक हैं। यह वही तबका है, जिसने वर्ष 1991 के आर्थिक उदारीकरण के बाद के भारत को ही असली भारत मान लिया है।

जब उदारीकरण की बयार बही तो वह अपने साथ बेहतर जी.डी.पी. आँकड़े और शेयर बाजारों में उछाल लेकर तो आई, लेकिन उसने भारत को अंदर से खोखला कर दिया। जिस इंडिया का उसने निर्माण किया, उसमें हर प्राचीन भारतीय विचार की अहमियत घटती गई और पश्चिमी विचार को ही सोलह आने सच मानकर लोग उस पर अमल करने लगे।

दुर्भाग्यपूर्ण तो यह भी है कि लोग पहले दर्जे के हिंदुस्तानी बनने के बजाय दूसरे दर्जे के अमेरिकी बनने को ही अपना लक्ष्य मानने लगे। इस प्रक्रिया में कई भारतीय आदर्शों की तरफ से देश ने मुँह मोड़ा।

लेकिन उदारीकरण के ढाई दशक गुजरने के बाद अब यह मालूम पड़ रहा है कि वर्ष 1991 में जो नींव रखी गई थी, वह बिलकुल खोखली है। देश और हर एक नागरिक के सामने आज समस्याओं का अंबार है। समाधान का रास्ता नहीं सूझ रहा है। ऐसी ही परिस्थिति में भारत के अपने मौलिक विचार प्रासंगिक हो जाते हैं।

चाणक्य के विचारों के संदर्भ में मौजूदा राजनीतिक व्यवस्था को देखें तो उनकी प्रासंगिकता खुद-ब-खुद स्पष्ट हो जाती है।

मौजूदा राजनीतिक व्यवस्था नीतियों का निर्धारण प्रजा को ध्यान में रखकर नहीं कर रही है, बल्कि कॉरपोरेट घरानों को ध्यान में रखकर कर रही है। आम लोगों पर रोज नए-नए कर लादे जा रहे हैं। विकास योजनाओं के नाम पर लोगों का शोषण खुद व्यवस्था द्वारा किया जा रहा है।

आचार्य चाणक्य एक खास तरह के विचार की नुमाइंदगी करते हैं। उन्होंने जो विचार सदियों पहले रखे थे, वे आज भी समस्याओं के समाधान का रास्ता दिखा रहे हैं। हाँ, शर्त बस इतनी है कि कोई उनकी तरफ निगाह उठाकर देखना तो चाहे।

आज जिस तरह से जीवन के लगभग हर क्षेत्र में हर चीज उलझी हुई नजर आ रही है, उसे सुलझाने में चाणक्य के विचार अहम भूमिका निभाने की क्षमता रखते हैं। मालूम हो कि चाणक्य मगध साम्राज्य के सम्राट् चंद्रगुप्त के राजनीतिक गुरु थे। उन्होंने चंद्रगुप्त को राजसिंहासन तक पहुँचाने का कार्य किया था।

वह ऐसे अनोखे, अद्‌भुत और कुशल राजनीतिज्ञ थे कि उन्होंने मगध देश से नंद राजाओं की राजसत्ता का सर्वनाश करके मौर्य साम्राज्य की स्थापना की थी। चाणक्य के बचपन का नाम विष्णुगुप्त था; पर अत्यंत कुशाग्र बुद्धि की वजह से वह 'चाणक्य' कहलाए। कुटिल राजनीतिक विशारद होने की वजह से उन्हें 'कौटिल्य' भी कहा गया। चाणक्य की शिक्षा-दीक्षा तक्षशिला विश्वविद्यालय में हुई थी।

चाणक्य और चंद्रगुप्त का एक ही समय है। यह समय है—325 ईसवी पूर्व का। सदियों का अंतर होने के बावजूद उस वक्त चाणक्य द्वारा व्यक्त किए गए विचार आज भी किस कदर प्रासंगिक हैं, इसे एक उदाहरण के ज़रिए समझना ज्यादा आसान है। चाणक्य के मुताबिक, आदर्श राज्य संस्था वही है, जिसकी योजनाएँ प्रजा को उसकी भूमि, धन-धान्यादि पाते रहने के मूलाधिकार से वंचित करनेवाली न हों और उसे लंबी-चौड़ी योजनाओं के नाम से कर-भार से आक्रांत न कर डालें।

वह कहते हैं कि देश के विकास की योजनाएँ राजकीय व्यय में से बचत करके ही चलाई जानी चाहिए। राजा के लिए एक हिस्सा सुनिश्चित

करके प्रजा के टुकड़ों के भरोसे लंबी-चौड़ी योजना शुरू करने को वह प्रजा का उत्पीड़न मानते थे।

अगर मौजूदा राजनीतिक व्यवस्था का चरित्र चाणक्य की राज्य संस्था के विचार के मुताबिक हो, तभी सही मायने में जनता सुखी रह पाएगी। ऐसा न होने पर अमीरी और गरीबी की खाई दिनोंदिन चौड़ी ही होती जाएगी।

ऐसा हो भी रहा है। अभी देश की कुल जी.डी.पी. का 25 फीसदी हिस्सा सिर्फ 100 लोगों के पास है। सरकारी आँकड़ों के मुताबिक, 84 करोड़ लोग 20 रुपए से कम पर जीवन बसर करने को मजबूर हैं।

इस गैर-बराबरी की व्यवस्था के चरित्र से परिचित कराने और समाधान की राह बताने में चाणक्य के विचार प्रासंगिक हो जाते हैं।

बेशक चाणक्य की बातें राजनीतिक क्षेत्र के लिए बेहद उपयोगी हैं, लेकिन उन्होंने कई ऐसी बातें कही हैं, जिन पर अमल करके व्यक्तिगत जीवन में कामयाबी पाई जा सकती है।

लोगों के जीवन में समस्याओं का अंबार है। इसी का फायदा उठाने के मकसद से आजकल मैनेजमेंट गुरुओं की बाढ़-सी आ गई है। नए जमाने के तथाकथित मैनेजमेंट गुरु अपने भाषणों के लिए लोगों से अच्छा-खासा पैसा भी वसूलते हैं।

आज हर कोई परेशान है कि वह अपने जीवन का प्रबंधन कैसे करे। लोग इस बात से परेशान हैं कि जीवन में कैसे आगे बढ़ा जाए? इन सवालों पर परेशान होने के बजाय समस्याओं का हल तलाशने की जरूरत है और यहीं पर आचार्य चाणक्य इस दौर में भी प्रासंगिक लगने लगते हैं।

वह कोई साधारण इनसान नहीं थे, बल्कि जो भी महान् हुआ है, वह बहुत बड़ा भविष्यद्रष्टा रहा है। आचार्य चाणक्य के साथ भी ऐसा ही है। उन्होंने जो बातें कही हैं, वे उस वक्त भी उतनी ही प्रासंगिक थीं, जितनी आज हैं।

अगर गंभीरता और गहराई के साथ चाणक्य के विचारों को समझा जाए तो ऐसा मालूम पड़ता है कि उनके विचार आज से हजार साल बाद भी इतने ही प्रासंगिक होंगे।

चाणक्य की प्रासंगिकता की बात करते हुए इस दौर की बुनियादी इनसानी प्रवृत्ति पर विचार करना बेहद जरूरी है। अकसर होता यह है कि हम अपने पास की चीज छोड़ देते हैं और दूर की चीजों के दीवाने हो जाते हैं।

विदेशियों के विचारों की मिसाल अकसर दी जाती है, लेकिन देशी विद्वानों की उतनी चर्चा नहीं की जाती है। सही मायने में कहा जाए तो आचार्य चाणक्य दुनिया के सबसे पुराने मैनेजमेंट गुरु थे। उन्होंने जीवन के हर क्षेत्र के प्रबंधन का रास्ता सुझाया।

□

अचूक हैं कौटिल्य के सूत्र

आज देश की राजनीति का स्वरूप लगातार बदल रहा है। नहीं बदल रहा है तो वह है नेताओं का चरित्र। इतना अवश्य जान लें कि जिस देश के राजनेता राजनीति के मूल सिद्धांतों को अच्छी तरह समझकर उसे अमल में लाएँगे, उस देश की प्रजा उतनी ही अधिक सुखी होगी और शासक यशस्वी बनेंगे।

यह सच आज भारतीय राजनीति से बहुत दूर है। यहाँ प्रजा तो सुखी नहीं है, अलबत्ता राजनेता अपनी भावी पीढ़ियों के साथ बहुत ही अधिक सुखी हैं।

इन दिनों पूरे विश्व में अचानक कौटिल्य के 'अर्थशास्त्र' की माँग बढ़ गई है। विदेशों के तथाकथित मैनेजमेंट गुरु भी कंपनियों के सफल संचालन के लिए कौटिल्य के सूत्र वाक्यों को अमल में लाने लगे हैं।

कौटिल्य का 'अर्थशास्त्र' तो लोकप्रिय है ही, इसके अलावा उनकी 'चाणक्य नीति' भी विख्यात है।

जब कहीं 'चाणक्य नीति' की बात आती है, तब लोग समझते हैं कि यह किताब कुटिलता से भरपूर होगी। इसमें यह बताया गया होगा कि किस तरह से राजनीति में प्रतिद्वंद्वियों को परास्त करें और सत्ता हासिल करें।

'चाणक्य नीति' के बारे में ऐसा मानना भूल है। दरअसल, 'चाणक्य नीति' के मूल में स्वार्थ नहीं, परामर्श है। यही कारण है कि चाणक्य अपने ग्रंथ के पहले ही श्लोक में तीन लोकों के नाथ ईश्वर को प्रणाम कर अपने ग्रंथ का मंगलाचरण करते हैं।

चाणक्य कहते हैं कि ''मैं यहाँ प्रजा के कल्याण के लिए राजनीति के

ऐसे रहस्यों का उद्घाटन करूँगा, जिन्हें जानने के बाद व्यक्ति सर्वज्ञ बन जाएगा।''

यहाँ पर चाणक्य ने व्यक्ति के लिए जिस 'सर्वज्ञ' शब्द का प्रयोग किया है, उसका आशय यही है कि ऐसा व्यक्ति संसार के सभी व्यवहारों को समझने लगेगा, अर्थात् वह पूर्णतः व्यावहारिक हो जाएगा। उसका संबंध आध्यात्मिक जगत् से नहीं होगा। आध्यात्मिक दृष्टि प्राप्त करनेवाले तो महात्मा होते हैं।

चाणक्य कहते हैं, ''जो व्यक्ति मेरे इस ग्रंथ को समझेगा, वही प्रजा का कल्याण कर पाएगा।'' चाणक्य ने यहाँ पर 'ज्ञान' नहीं, बल्कि 'विज्ञान' शब्द का प्रयोग किया है। ज्ञान की अपेक्षा विज्ञान अधिक सारगर्भित है।

चाणक्य यह दावा नहीं करते कि इस ग्रंथ में जो कुछ लिखा गया है, वह मौलिक है। पहले ही श्लोक में वह कहते हैं कि अनेक शास्त्रों में से चुन-चुनकर उन्होंने नीति की बातों को प्रस्तुत किया है।

इस वाक्य में चाणक्य की ईमानदारी और पारदर्शिता झलकती है। इस तरह चाणक्य ने अनेक पूर्ववर्ती महर्षियों के ज्ञान की धरोहर को जीवंत रखा है और मानव जाति तक पहुँचाने का पुण्य कार्य किया है।

□

आलोचना का भी करें प्रबंधन

आचार्य चाणक्य ने लिखा है—"मूर्ख कभी प्रिय नहीं बोलता और स्पष्ट वक्ता कभी धूर्त नहीं होता। आलोचक के आक्षेप तुम्हारे प्रतिकूल नहीं होते।"

एक उदाहरण के जरिए इस बात को समझा जा सकता है। भगवान् बुद्ध के पास एक बार एक व्यक्ति पहुँचा। वह उनके प्रति ईर्ष्या और द्वेष से भरा हुआ था। पहुँचते ही लगा उन पर अपशब्दों और झूठे आरोपों की बौछार करने।

भगवान् बुद्ध पर उसका कोई असर नहीं हुआ। वह वैसे ही शांत बने रहे जैसे पहले थे। इस पर वह व्यक्ति आगबबूला हो गया। उसने पूछा, "तुम ऐसे शांत कैसे बने रह सकते हो, जबकि मैं तुम्हें अपशब्द कह रहा हूँ?"

भगवान् बुद्ध इस पर भी विचलित नहीं हुए। उन्होंने शांत भाव से मुसकराते हुए जवाब दिया, "अगर आप मुझे कोई वस्तु देना चाहें और मैं उसे स्वीकार न करूँ तो क्या होगा? वह चीज तो आपकी ही बनी रह जाएगी न। फिर मैं उसके लिए व्यथित क्यों होऊँ?"

आलोचना के संदर्भ में भगवान् बुद्ध का यह सवाल आज भी उतना ही प्रासंगिक है। कोई आपको तब तक नीचा नहीं दिखा सकता, जब तक कि स्वयं आपकी उसके लिए सहमति न हो।

घर हो या बाहर, ऐसी कोई जगह नहीं है, जहाँ मनुष्य को आलोचना का सामना न करना पड़े। हर क्षेत्र में और हर जगह यह आम बात है। यह कभी स्वस्थ तरीके के साथ की जाती है तो कभी बीमार मानसिकता से भी।

आलोचना कभी आपके व्यक्तित्व को निखारने के लिए की जाती है तो

कभी उस पर थोड़ी धूल डाल देने के लिए, यह साबित करने के लिए आप किसी से कम हैं। ठीक इसी तरह से ग्रहण करने की बात भी है। कुछ लोग इसे स्वस्थ मन से स्वीकार करते हैं और कुछ इसी से अपने मन को बीमार बना लेते हैं।

कुछ लोग आलोचना को अपने व्यक्तित्व के विकास का साधन मान लेते हैं और कुछ इसके शिकार बन जाते हैं।

कुछ को ऐसा लगता है कि यह जो आलोचना की जा रही है, सही है तो वे खुद को सुधारने लगते हैं। कुछ कुढ़ने लगते हैं और कुछ हताश हो जाते हैं। कुछ लोग अपने कान बंद कर लेते हैं। कुछ एक कान से सुनते हैं और दूसरे से निकाल देते हैं। कुछ ऐसे भी होते हैं, जो सुनते हैं। अगर उन्हें लगता है कि बात सही है तो सुनते हैं, वरना ठहाका लगाते हैं और आगे बढ़ जाते हैं।

किसी की आलोचना का आप पर कैसा असर होता है, यह एक सीमा तक आपके दृष्टिकोण पर निर्भर है।

इस सच का एक दूसरा पक्ष भी है। वह यह कि इस दृष्टिकोण से ही निश्चित होता है कि आप अपनी जिंदगी में किस हद तक सफल होंगे। इसीलिए आचार्य चाणक्य कहते हैं कि सजग लोग आलोचना को भी अपने व्यक्तित्व विकास की योजना का एक जरूरी हिस्सा बना लेते हैं।

आप चाहें तो इसे आलोचना प्रबंधन का नाम दे सकते हैं। जी हाँ, जैसे समय का प्रबंधन होता है, संसाधनों और स्थितियों का प्रबंधन होता है, वैसे ही आलोचना का भी प्रबंधन किया जा सकता है।

आलोचना का प्रबंधन करके आप उसका पूरा लाभ उठा सकते हैं और न केवल अपने व्यक्तित्व, बल्कि व्यावसायिक विकास के लिए भी महत्त्वपूर्ण पूँजी बना सकते हैं।

व्यक्तित्व विकास से संबंधित अरिंदम चौधरी की पुस्तक 'खुद में तलाशें हीरा' की भूमिका फिल्म अभिनेता शाहरुख खान ने लिखी है। शाहरुख खान की सफलता आज किसी से छिपी नहीं है।

वह कहते हैं कि असफलताओं से मुझे बहुत डर लगता है। असफल

होने के डर से मैंने जहाँ कहीं जो कुछ भी किया, उसमें अपना 100 फीसदी से ज्यादा दिया और ज्यादातर मामलों में मुझे सफलता मिलती चली गई।

अगर आप नाकाम नहीं होंगे तो कभी सीख नहीं पाएँगे। सबसे बड़ी बात अपनी भूमिका में शाहरुख ने जो लिखी है वह है, "सफलता हमेशा अंतिम नहीं होती, जैसे असफलता हमेशा घातक नहीं होती।"

आप कुछ भी कहें, लोग आपकी आलोचना का अवसर निकाल ही लेंगे। अब यह आपके ऊपर है कि आप उस आलोचना से अपना मार्ग और उसपर चलने का तरीका किस तरह सुधारते हैं।

यह भी आप पर निर्भर है कि आप आलोचना से घबराकर अपने मार्ग से हट जाएँ और चलना बंद कर दें। उचित यह होगा कि आलोचनाओं का विश्लेषण करके आप उनसे अपने जीवन और लक्ष्य तक पहुँचने के प्रयासों में सुधार कर लें।

आलोचना प्रबंधन का आशय यह है कि किसी बात पर तुरंत प्रतिक्रिया न करें। पहले यह समझ लें कि आलोचना करनेवाले का मंतव्य क्या है? क्या जो बात वह कह रहा है, उसमें सचमुच कुछ दम है या ऐसे ही वह केवल अपनी संतुष्टि के लिए या आपको अपमानित करने के लिए ही आलोचना किए जा रहा है?

इसका आरंभ आप स्वयं अपने प्रति अपने नजरिए को स्पष्ट करके कर सकते हैं। जब भी कोई आपके विरुद्ध कोई बात करे तो सबसे पहले यह देखें कि क्या वास्तव में यह बात सच है? इसके लिए जरूरी है कि आप अपने संबंध में पूरी तरह आश्वस्त हों। अपने गुण-दोषों के आकलन के लिए दूसरों पर कतई निर्भर न रहें, चाहे वे आपके परिवार के सदस्य ही क्यों न हों। यह विश्वास रखें कि अपने गुण-दोष आप सबसे अच्छी तरह जानते हैं।

□

मैनेजमेंट के प्राचीन सिद्धांत

लोगों का या संसाधनों का मैनेजमेंट करना, चाहे उत्पादन के उद्देश्य से या सेवा प्रदान करने के उद्देश्य से या किसी राज्य पर शासन चलाने के उद्देश्य से अत्यंत जटिल कार्य है।

इसीलिए हमें यह देखकर आश्चर्य नहीं होता कि प्रबंधन के सूत्र सिखाने के लिए दुनिया भर में प्रचुर साहित्य की रचना की गई है। लेकिन ऐसे कम ही लोग हैं, ज़िन्होंने किसी भी व्यवसाय के सभी पहलुओं के प्रबंधन को लेकर अचूक सिद्धांत दुनिया के सामने रखा हो।

ऐसे कई कारगर सिद्धांत प्राचीनकाल से प्रचलित रहे हैं, जिन्हें आजमाकर व्यावहारिक जीवन में लोग लाभान्वित होते रहे हैं; लेकिन ऐसे सिद्धांतों को लिखित रूप से सुरक्षित नहीं रखा गया है।

मैनेजमेंट के सिद्धांत की सबसे बड़ी अहमियत यह नहीं होती कि उसमें पूर्णता है या वह तर्क की कसौटी पर खरा उतरता है, बल्कि जीवन की वास्तविक स्थितियों में उन सिद्धांतों को आजमाने से ही उनकी अहमियत का पता चल पाता है।

पश्चिमी देशों के नागरिकों की तरह भारत का पढ़ा-लिखा तबका भी यही समझता है कि मैनेजमेंट को लेकर प्रणालीबद्ध तरीके से सिद्धांतों को पेश करने का सिलसिला बीसवीं शताब्दी में शुरू हुआ। लेकिन, जब हम किसी साम्राज्य या राष्ट्र के प्रबंधन को लिखे गए साहित्य की तरफ नजर डालते हैं तो स्पष्ट हो जाता है कि प्राचीनकाल से ही इस तरह के सिद्धांतों का अस्तित्व रहा है।

भारत सहित दुनिया के विभिन्न देशों में प्राचीनकाल में ऐसे कई विद्वान्

हुए हैं, जिन्होंने मैनेजमेंट को लेकर अपने-अपने विचार दुनिया के सामने रखे हैं। ऐसे कुछ विचारकों का विवरण नीचे दिया जा रहा है—

विचारक	देश	सिद्धांत	प्रशिक्षण दिया	जीवन काल
कन्फ्यूशियस	चीन	नैतिक शास्त्र	लू के राजकुमारों को	ई.पू. 430
अरस्तू	ग्रीस	राजनीति	सिकंदर को	ई.पू. 350
चाणक्य	भारत	अर्थशास्त्र	चंद्रगुप्त को	ई.पू. 330
विष्णु शर्मा/बिदपी	भारत	पंचतंत्र	3 राजकुमारों को	ई.पू. 200
अज्ञात	भारत	हितोपदेश	3 राजकुमारों को	सन् 200
मैकियावेली	इटली	द प्रिंस	अज्ञात	सन् 1532

राज्य के संचालन को लेकर जैन एवं अन्य पूर्वी दर्शनों में सिद्धांत रचे गए हैं या नहीं, इसे लेकर संदेह की गुंजाइश है। चाणक्य सूत्र के परिप्रेक्ष्य में प्राचीन भारत में प्रचलित सिद्धांतों पर गौर करना समीचीन रहेगा।

मैनेजमेंट की भारतीय परंपरा

'पंचतंत्र' में अनिवार्य रूप में उपयोगी 69 केस स्टडी का संग्रह किया गया है। गुरु ने राजा के तीन किशोर पुत्रों को छह महीने के आवासीय प्रशिक्षण कार्यक्रम के दौरान 'लोगों का प्रबंधन' सिखाने के लिए इसकी रचना की थी।

'हितोपदेश' भी इसी तरह का नीतिशास्त्र है, जो 'पंचतंत्र' के सिद्धांतों से काफी हद तक प्रेरित है और 'पंचतंत्र' की तरह ही किस्सागोई का सहारा लेते हुए नैतिक संदेश दिया गया है।

लेकिन 'पंचतंत्र' और 'हितोपदेश' के जरिए केवल मनुष्यों के प्रबंधन की ही शिक्षा दी गई है। दूसरी तरफ चाणक्य की पुस्तक 'अर्थशास्त्र' में साम्राज्य के सभी पहलुओं के प्रबंधन भी शामिल हैं।

विश्व के इतिहास में प्रबंधन विषय पर 'अर्थशास्त्र' को प्राचीनतम ग्रंथ होने का गौरव प्राप्त है। चाणक्य सूत्र वास्तव में प्रबंधन के सूत्रों को निचोड़ के रूप में पिरोने का प्रयास है।

'अर्थशास्त्र' में चाणक्य ने राज्य पर शासन करने के लिए उससे जुड़े

सभी पहलुओं के प्रबंधन के उपाय बताए हैं—शासक को प्रशिक्षण देने और उसे सिंहासन पर बिठाने से लेकर लोगों का चयन करने, कर का निर्धारण; कानून निर्माण, कानून तोड़नेवालों के लिए दंड का निर्धारण आदि सभी बातों के लिए चाणक्य ने कारगर उपाय बताए हैं।

चाणक्य, जिन्हें कौटिल्य के नाम से जाना जाता है, प्रबंधन के कई पूर्ववर्ती भारतीय विद्वानों (600 वर्षों के) के विचारों का भी उल्लेख करते हैं। फिर वे अपने दृष्टिकोण को प्रस्तुत करते हैं और पूर्ववर्ती विचारों की त्रुटियों की तरफ इशारा करते हुए अपने विचारों को प्रतिपादित करते हैं।

ऐसा माना जाता है कि चाणक्य ने अपने विद्यार्थियों को सहजतापूर्वक प्रबंधन के गुर सिखाने के लिए सूत्रों की रचना की थी। उनका मानना था कि इन सूत्रों पर अमल कर कोई भी व्यक्ति जीवन में सफलता हासिल कर सकता है।

चाणक्य सूत्र प्रबंधन के ऐसे अचूक सिद्धांत हैं, जिन्हें वास्तविक जीवन में आजमाकर बेहतर परिणाम हासिल किए जा चुके हैं और इस तरह के परिणाम टिकाऊ भी साबित हुए हैं।

चाणक्य ने चंद्रगुप्त सहित युवा शिष्यों के एक समूह को अपने इन सिद्धांतों की शिक्षा प्रदान की और इस प्रशिक्षित समूह का उपयोग पाटलिपुत्र के अत्याचारी और निरंकुश नंद साम्राज्य को उखाड़ फेंकने के लिए किया। चंद्रगुप्त ने मौर्य साम्राज्य की स्थापना की, जिसका 136 वर्षों तक शासन चलता रहा और इसी वंश में सम्राट् अशोक जैसे महान् शासक ने जन्म लिया।

जहाँ नंद वंश के शासक निरंकुश और अत्याचारी थे, वहीं चाणक्य ने न्यायपूर्ण एवं जन-हितैषी सम्राट् के रूप में चंद्रगुप्त को मगध का शासक बनाया। इस तरह चाणक्य ने अपने प्रबंधन के सूत्रों को वास्तविकता के धरातल पर सफलतापूर्वक उतारकर दिखा दिया था।

यही वजह है कि वर्तमान युग के परिप्रेक्ष्य में चाणक्य के ऐसे सूत्रों का सावधानीपूर्वक अध्ययन करने की जरूरत है। प्रबंधन की दृष्टि से चाणक्य हमें भारतीय मिट्टी से जुड़े समाधान पेश करते हैं।

अमेरिका या जापान में मैनेजमेंट के जिन सिद्धांतों का प्रचलन है, वे संबंधित देशों की संस्कृति की पैदाइश हैं। इस तरह के विदेशी सिद्धांतों को जब भारत में आजमाने का प्रयास किया जाता है तो उनके जरिए वांछित नतीजों को हासिल कर पाना मुमकिन नहीं होता। ऐसे सिद्धांत टिकाऊ समाधान का मार्ग प्रशस्त नहीं कर पाते।

इस तरह हम मैनेजमेंट के वैसे सिद्धांतों पर अधिक भरोसा कर सकते हैं, जिनकी जड़ें भारतीय सभ्यता-संस्कृति में ढूँढ़ी जा सकती हैं। ऐसे सिद्धांत विदेशी सिद्धांतों की तुलना में अधिक कारगर और टिकाऊ परिणाम दे सकते हैं। इनके जरिए ग्राहकों, निवेशकों, कर्मचारी, खुदरा विक्रेता और समाज को फायदा हो सकता है।

जब भारतीय परिप्रेक्ष्य में हम मैनेजमेंट के सिद्धांतों की पड़ताल करते हैं तो हमें इसके लिए अपने धार्मिक या दर्शन संबंधी ग्रंथों का सहारा लेना पड़ता है। इस तरह की कोशिश करते हुए कुछ कठिनाइयों का भी सामना करना पड़ता है। दार्शनिक एवं धार्मिक ग्रंथों में मूल रूप से मनुष्य के कर्तव्यों का उल्लेख मिलता है। ऐसे सिद्धांतों से हमें किसी व्यापार के विविध पहलुओं के प्रबंधन कौशल की जानकारी नहीं मिलती।

इसी तरह प्रबंधन के लिए जब किसी धर्म विशेष के ग्रंथ का चयन किया जाता है तो दूसरे धर्म को माननेवाले मैनेजर के लिए उसे स्वीकार करना कठिन हो जाता है, क्योंकि वह अपने धर्मग्रंथ के मार्गदर्शक सिद्धांत पर ही आस्था रखता है।

श्रेष्ठ प्रबंधन के सिद्धांतों का धर्मनिरपेक्ष और तर्कसंगत होना जरूरी है, जिसे दुनिया भर के लोग बेहिचक अपना सकें।

इसमें कोई शक नहीं कि 'गीता' में चरित्र-निर्माण के जिन सिद्धांतों का वर्णन किया गया है, उनको अपनाकर मैनेजर अपने व्यक्तित्व का विकास कर सकते हैं और 'गीता' के सूत्रों को अपनाकर समस्याओं का दृढ़तापूर्वक सामना कर सकते हैं। ये सिद्धांत इस कदर तर्कसंगत हैं कि इन्हें किसी भी धर्म का व्यक्ति आसानी से अपने जीवन में उतार सकता है।

प्राचीन ग्रंथों की पड़ताल करने पर स्पष्ट हो जाता है कि चाणक्य सूत्र

के रूप में चाणक्य ने मैनेजमेंट की सर्वांगीण प्रणाली को मानव जाति के समक्ष प्रस्तुत कर दिया है और इस प्रणाली को आज भी अपनाकर मानव जाति समस्याओं का समाधान ढूँढ़ सकती है।

सूत्र व्यवस्था

शिक्षा देने के लिए सूत्र की व्यवस्था एक अनोखी व्यवस्था कही जा सकती है, जिसकी खोज और शुरुआत भारत में ई.पू. 7000 में हुई थी। सूत्र एक संक्षिप्त शब्द समूह होता है, जिसमें किसी अवधारणा को पिरोकर पेश किया जाता है।

पतंजलि के योगसूत्र से लेकर वात्स्यायन के 'कामसूत्र' तक हम देख सकते हैं कि किस तरह धर्म, अर्थ, काम, मोक्ष रूपी चारों पुरुषार्थों को सूत्र व्यवस्था में पिरोने का प्रयास किया गया है।

व्यावहारिक ज्ञान को पाठ्य पुस्तक की शक्ल में प्रस्तुत करने के साथ ही सूत्र रूप में भी प्रस्तुत करने की परंपरा शुरू की गई।

इन सूत्रों में एक-एक शब्द का चयन काफी सावधानीपूर्वक किया गया है। यह गौर करनेवाली बात है कि किसी भी सूत्र में कई समानार्थी शब्दों में से किसी शब्द विशेष का चुनाव ही क्यों किया गया है, अर्थात् चयन करने से पहले कई बार संशोधन किए गए हैं।

सूत्रों का क्रम एक-दूसरे के बाद तर्कपूर्ण तरीके से सामने आता है और किसी भी विषय या विचार को लेकर सूत्रों की संख्या 15 से अधिक नहीं होती। विषय के हिसाब से सूत्रों की संख्या में भिन्नता हो सकती है। यह 2 से लेकर 20 तक हो सकती है, मगर आम तौर पर यह 6 से 12 तक होती है।

विषयों के क्रम को देखकर अनुमान लगाया जा सकता है कि शिष्यों को शिक्षा प्रदान करने के लिए गुरुओं ने कितनी सूझ-बूझ के साथ शिक्षण-प्रणाली का विकास किया था। इस तरह के सूत्रों की रचना ऐसे लेखकों ने की है, जो अध्यापन के पेशे से जुड़े रहे थे। उस युग में अध्यापन का कार्य किए बगैर लेखन कार्य करने की कल्पना नहीं की जा सकती थी।

गुरु अपने शिष्यों के सामने किसी सूत्र समूह का पाठ करते थे और

फिर शिष्य उन सूत्रों को कई बार दोहराते थे। ऐसा करते-करते शिष्यों को सूत्र कंठस्थ हो जाते थे। बाद में गुरु उनसे सूत्रों को दोहराने के लिए कहते थे, ताकि सूत्रों की शुद्धता की जाँच की जा सके।

गुरु प्रत्येक सूत्र की परिभाषा बताते थे और व्यावहारिक जीवन में उन सूत्रों पर अमल करने के परिणामों की जानकारी भी शिष्यों को देते थे। इतना ही नहीं, गुरु अपने आचरण और व्यवहार के जरिए भी उन सूत्रों की महत्ता को प्रदर्शित करते थे।

इस तरह के प्रशिक्षण के जरिए गुरु अपने शिष्यों को सूत्रों को पूरी तरह कंठस्थ करा देते थे। इस तरह शिष्यों के लिए ऐसे सूत्रों को अपने जीवन में कार्यान्वित कर पाना आसान हो जाता था।

प्रत्येक सूत्र की सटीक व्याख्या की जाती थी और सहज-सरल शब्दों में शिष्यों को उसके निहितार्थ की जानकारी दी जाती थी।

सूत्रों की व्याख्या

मैनेजमेंट के संबंध में चाणक्य के सिद्धांतों पर विचार करते हुए निम्न बिंदुओं को ध्यान में रखना होगा—

(1) 450 सूत्र समूह में से लगभग 200-220 सूत्रों की रचना शासकों और साम्राज्य के प्रशासकों को मैनेजमेंट के सिद्धांतों की शिक्षा देने के लिए की गई। शेष सूत्र आम लोगों के उपयोग के लिए हैं।

कहा जा सकता है कि मैनेजमेंट संबंधी ऐसे सूत्र लोक सेवा से जुड़े आई.ए.एस., आई.पी.एस. और आई.एफ.एस. अधिकारियों के लिए सीधे तौर पर उपयोगी साबित हो सकते हैं। इनका उपयोग किसी व्यावसायिक प्रतिष्ठान के संचालन के लिए सीधे तौर पर नहीं किया जा सकता; लेकिन आज के संदर्भों में मैनेजमेंट के इन सिद्धांतों का प्रयोग जीवन के प्रत्येक क्षेत्र में किया जा सकता है।

साम्राज्य, सेवक आदि शब्दों की व्याख्या करते हुए प्रतिष्ठान, कर्मचारी आदि शब्दों को प्रयुक्त किया जा सकता है। पड़ोसी राष्ट्रों या शत्रुओं से संबंध को लेकर सूत्र के उपदेशों को व्यवसाय की रणनीति के संदर्भ में

समझने की कोशिश की जा सकती है।

(2) आधिकारिक चाणक्य सूत्र के आरंभिक 160-180 सूत्र सीधे तौर पर राजनीति या राज्य तंत्र पर आधारित हैं, जिन्हें हम मैनेजमेंट के अर्थों में समझ सकते हैं। उसके बाद सूत्रों के विषयों में विविधता देखने को मिलती है।

मैनेजमेंट संबंधी सूत्रों को किसी सभ्य समाज में सज्जन व्यक्ति के अच्छे आचरण के साथ जोड़कर पेश किया गया है। ऐसे सूत्रों की व्याख्या करते हुए मैनेजमेंट संबंधी चाणक्य के महत्त्वपूर्ण विचारों को समझा जा सकता है।

(3) संस्कृत एक ऐसी समृद्ध भाषा है, जिसके प्रत्येक शब्द के विभिन्न अर्थ निकलते हैं। वर्तमान सदर्भों में सूत्रों में इस्तेमाल किए गए शब्दों की व्याख्या कर पाना आसान काम नहीं है और ऐसा करते हुए कई बार मूल अर्थ एवं व्याख्या के बीच अंतर भी नजर आ सकता है।

□

कार्य-कुशलता है सफलता की चाबी

जीवन में सफल होने के लिए यह बेहद जरूरी है कि इनसान कार्य कुशल हो। जो जितना कार्य-कुशल होता है, वह उतना ही सफल होता है। यही वजह है कि कोई व्यक्ति कम श्रम करके भी ज्यादा सफल होता है और कोई अथक परिश्रम के बाद भी उतना सफल नहीं हो पाता, जितना उसे होना चाहिए।

इससे कार्य-कुशलता का महत्त्व साफ है। जीवन में अगर थोड़ी सी सावधानी और सजगता हो तो इनसान अपने अंदर यह क्षमता विकसित कर सकता है। कार्य-कुशलता की अहमियत को समझते हुए आचार्य चाणक्य ने कई सूत्र दिए हैं। उनमें से एक है—'पूर्वं निश्चित्य पश्चात् कार्यमारम्भेत्।' मतलब यह कि पहले निश्चय करें, फिर कार्य आरंभ करें।

आचार्य चाणक्य की यह बात हर क्षेत्र में समान रूप से लागू होती है। कोई चाहे किसी भी क्षेत्र में काम कर रहा हो, लेकिन अगर अपने-अपने कार्य की शुरुआत गलत वक्त में की है तो उसे कामयाबी से दूर ही रहना पड़ता है।

यानी जो व्यक्ति अपने कार्य और उसके उद्देश्य को लेकर उसे शुरू करने से पहले स्पष्ट या निश्चित नहीं रहता है, उसके सफल होने की संभावना घट जाती है। इसलिए कामयाबी की चाह रखनेवालों के लिए इस बात का बड़ा महत्त्व है कि वे कार्य शुरू करने से पहले यह विचार कर लें कि उस कार्य को कैसे पूरा करेंगे।

उन्हें इस बात का भी विचार कर लेना चाहिए कि इस कार्य को करने में क्या और कितना लाभ होगा। जिस उद्देश्य के साथ वे कार्य की शुरुआत

कर रहे हैं, वह पूरा भी हो पाएगा या नहीं। इस कार्य को पूरा करने में कितना समय लगेगा और इससे किसी को कोई नुकसान तो नहीं होगा।

अगर इन बुनियादी सवालों पर विचार करके कार्य की शुरुआत की जाए, तब तो सफलता मिल पाती है। ऐसा न करने पर वह कार्य जी का जंजाल बन जाता है और फिर उसमें कामयाबी मिलना तो दूर, तरह-तरह की परेशानियाँ पैदा होती हैं और इनसान उसमें उलझता ही चला जाता है।

जिस इनसान के पास अपने कार्यक्षेत्र से संबंधित जितना ज्ञान होता है, उसके किए अपने कार्यों को अंजाम दे पाना उतना ही सहज हो जाता है। जाहिर है, वह कार्यों को बेहतर तरीके से अंजाम देता है और कदम-दर-कदम सफलता हासिल करता चला जाता है।

इसलिए ज्ञान हासिल करने को लेकर हर इनसान को गंभीर होना चाहिए, क्योंकि किसी भी क्षेत्र में सफलता हासिल करने के लिए यह एक प्राथमिक शर्त है।

जब आपके पास ज्ञान ही नहीं होगा तो जाहिर है कि आप अपने क्षेत्र के कार्यों को सही तरह से अंजाम नहीं दे पाएँगे। इसी बात को समझते हुए मैनेजमेंट गुरु चाणक्य ने कई सूत्र दिए हैं। उन्होंने एक जगह लिखा है—'विद्या धनमधनानाम्'। अर्थात् विद्या निर्धनों का धन है।

यह सूत्र कितना महत्त्वपूर्ण है, इसे चाणक्य के जीवन से समझा जा सकता है। उनके पास बहुत ज्यादा धन नहीं था। वह एक बेहद सामान्य परिवार में पैदा हुए थे। लेकिन उनकी विद्या ने पूरी दुनिया में उनका लोहा मनवाया।

ऐसे उदाहरणों से देश का इतिहास भरा पड़ा है। सामान्य परिवार में पैदा होने और बेहद सामान्य परिवेश में पलने-बढ़नेवाले लोग अपनी विद्या यानी ज्ञान के बूते पर बेहद सफल रहे हैं। ऐसे उदाहरण आपके आस-पड़ोस में बहुतेरे मिल जाएँगे। महत्त्वपूर्ण बात यह है कि इससे सबक लेना चाहिए।

धन तो नश्वर चीज है। आज है, संभव है कि कल न रहे। बड़े-बड़े धनी समय की मार को बरदाश्त नहीं कर पाते और अपना धन गँवा बैठते हैं। कहा भी जाता है कि धन किसी का नहीं होता। धन का स्वभाव ही चंचल

होता है। इसलिए धन की चिंता ज्यादा न करते हुए विद्या यानी ज्ञान अर्जित करने पर अधिक जोर देना चाहिए।

ज्ञान एक ऐसी चीज है, जो बीतते वक्त के साथ नष्ट नहीं होती और न ही इसे कोई चुरा सकता है। इसलिए कामयाबी पाने की इच्छा रखनेवालों के लिए यह बहुत जरूरी है कि वे ज्यादा-से-ज्यादा उपयोगी ज्ञान हासिल करने का प्रयास करते रहें।

कहा भी गया है कि ज्ञान कभी बेकार नहीं जाता। जब हर व्यक्ति साथ छोड़ देता है, तब अपना ज्ञान ही काम आता है। अपने ज्ञान एवं हुनर के बूते व्यक्ति किसी भी देश और काल में कामयाबी का परचम लहरा सकता है। इसलिए हर पल कुछ नया सीखने के लिए लालायित रहना चाहिए। यह एक सफल व्यक्ति की पहचान होती है।

हाँ, इस बात का विशेष तौर पर खयाल रखना चाहिए कि कभी भी अपने ज्ञान का घमंड मन के अंदर न आए। ऐसा होना बेहद खतरनाक है और इनसान के सारे किए-धरे को मिट्टी में मिला देता है।

इस बात को एक उदाहरण के जरिए समझना ज्यादा आसान और व्यावहारिक होगा। एक युवा देश-विदेश का भ्रमण करके, वहाँ के ग्रंथों का ज्ञान लेकर जब अपने देश लौटा तो सबके पास जाकर इस बात की शेखी बघारने लगा कि उसके समान ज्ञानी एवं विद्वान् दूसरा कोई है ही नहीं। उसके पास जो भी व्यक्ति जाता, वह उससे प्रश्न करता कि क्या उसने उससे बढ़कर कोई विद्वान् देखा है?

बात भगवान् बुद्ध के कानों में भी जा पहुँची। वह ब्राह्मण का वेश धारण करके उसके पास गए।

उस युवा ने उनसे पूछा, "तुम कौन हो?"

"अपनी देह और मन पर जिसका पूर्ण अधिकार है, मैं एक ऐसा तुच्छ मनुष्य हूँ।" भगवान् बुद्ध ने जवाब दिया।

वह अहंकारी बोला, "सही तरह से स्पष्ट करो। मुझे कुछ भी समझ में नहीं आया।"

इस पर भगवान् बुद्ध ने कहा, "जिस तरह कुम्हार घड़े बनाता है,

नाविक नौकाएँ चलाता है, धनुर्धर बाण चलाता है, गायक गीत गाता है, वादक वाद्य बजाता है और विद्वान् वाद-विवाद में भाग लेता है, उसी तरह ज्ञानी इनसान खुद पर ही शासन करता है।''

उस युवा ने सवाल किया, ''ज्ञानी पुरुष भला खुद पर शासन कैसे कर सकता है?''

इस पर भगवान् बुद्ध ने कहा, ''लोगों द्वारा स्तुति-सुमनों की वर्षा किए जाने या निंदा के अंगार बरसाने पर भी ज्ञानी पुरुष का मन शांत ही रहता है। उसका मन सदाचार, दया और विश्व-प्रेम पर ही केंद्रित रहता है, अतः प्रशंसा या निंदा का उस पर कोई असर नहीं पड़ता।''

भगवान् बुद्ध की बात सुनकर युवक शर्मिंदा होकर उनके चरणों में गिर पड़ा। इस प्रेरक घटना से स्पष्ट है कि कभी भी अपने अंदर ज्ञान का अभिमान नहीं पालना चाहिए।

□

कार्य आरंभ करने से पहले जरूरी है सोच-विचार

आचार्य चाणक्य ने लिखा है—'दोत्रवर्जितानि कार्याणि दुर्लभाणि।' —अर्थात् त्रुटि-विहीन कार्य दुर्लभ ही होता है।

यहाँ संसार के प्रथम मैनेजमेंट गुरु ने पते की बात बताई है। मैनेजर के किसी भी कार्य या कदम को पूरी तरह दोषों से मुक्त नहीं माना जा सकता। मैनेजर जो भी कदम उठाता है या कार्य करता है, उसके साथ कुछ त्रुटियाँ या नकारात्मक पहलू या प्रतिकूल प्रभाव की आशंका जुड़ी रहती है।

लेकिन, सूत्र में यह बताने की कोशिश नहीं की गई है कि हर तरह के कार्य में कोई-न-कोई दोष जरूर होता है। चाणक्य ने दूसरे पहलू की तरफ ज्यादा ध्यान दिया है। संभवतः उन्हें विचारवान् शिष्यों के मन में पैदा होनेवाले प्रश्नों का आभास मिल गया होगा।

इस तरह का कार्य कम ही होता है, जिसके साथ कोई दोष न जुड़ा हो। इसलिए मैनेजर को समय नष्ट नहीं करना चाहिए या त्रुटिहीन विकल्प मिल जाने तक हाथ-पर-हाथ धरकर नहीं बैठना चाहिए।

आधुनिक युग की कहावत है कि 'श्रेष्ठता को अच्छाई का शत्रु नहीं बनने देना चाहिए।' इस सूत्र में भी इसी तरह का संदेश छिपा हुआ है।

जो मैनेजर त्रुटि-रहित और पूरी तरह सटीक कार्य करने की बाट जोहता रहता है, वह सही समय पर सही कदम उठा पाने में नाकाम साबित होता है। ऐसा करने पर जहाँ कार्य पूरा करने में विलंब हो सकता है, वहीं पूर्व निर्धारित नतीजे को हासिल कर पाना भी संभव नहीं हो पाता है।

मैनेजर को यह सिद्धांत अच्छी तरह समझ लेना चाहिए और प्रभावी कदम उठाना चाहिए, जिससे सफलता की संभावना अधिक-से-अधिक बढ़ जाए और अवांछित नतीजे की आशंका ज्यादा-से-ज्यादा छँट जाए।

यह कोई अचरज की बात नहीं है कि '50 के दशक में हार्वर्ड बिजनेस स्कूल में जो 'केस मेथॉड' विकसित किया गया, उसमें इस तथ्य पर बल दिया गया कि जीवन की किसी भी वास्तविक परिस्थिति में किसी अनूठे व सटीक निर्णय की धारणा का वजूद नहीं होता।

अनुभवी मैनेजर को सर्वाधिक कारगर कार्य योजना का खुद ही विकास करना पड़ता है। वह इस बात को अच्छी तरह समझता है कि उसके किसी भी निर्णय का अवांछित या गैर-पेशेवर नतीजा भी सामने आ सकता है। इन सभी बातों को ध्यान में रखकर ही उसे सफल होने की कारगर तैयारी करनी पड़ती है।

आचार्य चाणक्य ने लिखा है—'दुरनुषन्धं कार्यं न आरम्भेत्।'

—अर्थात् बुरे नतीजेवाले कार्य को शुरू नहीं करना चाहिए।

पहले यह बताने के बाद कि दोष-रहित कार्य का होना दुर्लभ है, चाणक्य तुरंत कार्य के एक ऐसे प्रकार के बारे में बताते हैं, जिसे शुरू करना उनकी राय में ठीक नहीं है।

चाणक्य बताते हैं कि कुछ कार्य ऐसे होते हैं, जिनके परिणाम को लेकर मैनेजर के मन में अनिश्चितता का भाव बना रहता है, क्योंकि ऐसे कार्य को पूरा करते हुए काफी कठिनाइयों का सामना करना पड़ सकता है और उन कठिनाइयों का कोई निश्चित हल उसे नजर नहीं आ सकता है।

'अनुबंध' का अर्थ है—आरंभ, सतत प्रवाह, कार्य का उद्देश्य या कारण, बार-बार प्रयोग और परिणाम (अच्छा या बुरा)।

अगर कार्य को प्रारंभ करते समय ही कोई कठिनाई मालूम पड़े या कार्य के प्रबंधन में सतत कठिनाई का सामना करना पड़े तो बेहतर यही होगा कि कार्य को शुरू ही नहीं किया जाए।

मैनेजर को पहले कठिनाई या बाधा को दूर करने की कोशिश करनी

चाहिए, फिर उसे कार्य की शुरुआत करनी चाहिए।

अगर कार्य को शुरू करने का उद्देश्य ही गलत हो या कार्य संपन्न होने के बाद गलत नतीजा सामने आनेवाला हो तो बेहतर यही होगा कि कार्य को शुरू ही नहीं किया जाए।

सूत्र में यह नहीं कहा गया है कि कठिन कार्य को आरंभ नहीं करना चाहिए। किसी भी सक्षम मैनेजर की दक्षता तभी साबित हो पाती है, जब वह कठिन कार्यों को सफलतापूर्वक पूरा कर लेता है।

आचार्य चाणक्य ने लिखा है—'कालविद् कार्यं साधयेत्।'

—अर्थात् समय की अहमियत को समझनेवाले को कार्य संपन्न करना चाहिए।

जो मैनेजर समय के दो पहलू—समय की पाबंदी और समय प्रबंधन को समझता है, वह अधिक कुशलतापूर्वक अपने कार्य को पूरा कर सकता है।

जब किसी कार्य को शुरू करने से पहले अच्छी तरह योजना बनाई जाती है और उठाए जानेवाले कदमों की रूपरेखा तैयार कर ली जाती है, तब समय का प्रबंधन करना सफलता हासिल करने के लिए जरूरी हो जाता है।

दूसरे व्यक्तियों के संपर्क में आनेवाले सारे मैनेजर अपने अनुभव से इस बात को समझते हैं कि गलत समय पर दिया गया एक बेहतरीन सुझाव भी बॉस (या सहकर्मी या मातहत) ठुकरा सकता है।

उसी सुझाव को अगर सही समय पर कहा जाता है तो उसे स्वीकार कर लिया जाता है।

चाणक्य इस बात को विस्तारपूर्वक नहीं बताते कि समय की परख करने की दक्षता किस तरह सीखी जा सकती है। उन्होंने केवल इस दक्षता की जरूरत पर बल दिया है।

दूसरा पहलू समय प्रबंधन है। कार्य के प्रत्येक हिस्से को पूरा करने के लिए कितना समय लगाया जाएगा, कार्य का विभाजन किस तरह किया

जाएगा, कार्य के अलग-अलग हिस्सों की प्राथमिकता किस तरह निर्धारित की जाएगी—ये सारी बातें समय प्रबंधन के अंतर्गत आती हैं।

आचार्य चाणक्य ने लिखा है—'कालातिकमात् काल: एव कार्यं पिबति।'

—अर्थात् समय गुजरने के साथ ही समय स्वयं ही कार्य को निगल जाता है।

अगर मैनेजर समय पर कदम नहीं उठाता या किसी कार्य को करने का निर्णय लेने में जरूरत से ज्यादा देर की जाती है तो एक समय अवधि की निष्क्रियता कार्य की असफलता की वजह बनती है।

'अतिक्रम' शब्द का दूसरा अर्थ है—अवहेलना। किसी भी कार्य को सफल बनाने के लिए जब समय को महत्त्वपूर्ण तत्त्व न समझकर उसकी उपेक्षा की जाती है तो इस तरह असफलता को आमंत्रित किया जाता है।

तब ऐसा प्रतीत होता है मानो वक्त ने कार्य को निगल लिया हो।

आचार्य चाणक्य ने लिखा है—'क्षणं प्रति बालविक्षेपं न कुर्यात् सर्वकृत्येषु।'

अर्थात् पल भर के समय का भी दुरुपयोग नहीं किया जाना चाहिए।

समय को व्यतीत होने या समय की उपेक्षा करने की चर्चा पहले हो चुकी है। यहाँ इस बात की तरफ ध्यान आकर्षित किया गया है कि पल भर के समय की भी काफी अहमियत होती है। यहाँ इस बात की तरफ ध्यान आकर्षित किया गया है कि थोड़ा-थोड़ा वक्त जो यूँ ही गुजरता जाता है, उससे आगे चलकर समय की काफी बरबादी हो सकती है। अनिर्णय की स्थिति या टाल-मटोल या प्रतीक्षा करते हुए काफी वक्त यूँ ही निकल सकता है। इस तरह की समय की बरबादी होने पर मैनेजर को एहसास होता है कि उसने कई दिनों को यूँ ही गँवा दिया।

यही वजह है कि एक भी पल की उपेक्षा नहीं करने की सलाह दी गई है। समय की पाबंदी काफी अहमियत रखती है। किसी भी कार्य की सफलता के लिए सही समय पर सही कदम उठाना बहुत जरूरी होता है।

ऐसे पल की योजना पहले से नहीं बनाई जा सकती। मैनेजर को सजग

रहना पड़ेगा, ताकि वह निर्णय करवा सके।

आचार्य चाणक्य ने लिखा है—'देशकालविभागौ ज्ञात्वा कार्यं आरम्भेत्'।

—अर्थात् स्थान और समय को समझने के बाद ही कार्य को शुरू करना चाहिए।

किसी भी कार्य को सफल बनाने के लिए इस सवाल का जवाब काफी अहमियत रखता है कि कार्य कहाँ और कब शुरू किया जाएगा। यह 'कहाँ' स्थान के दो पहलुओं को दरशाता है। लोगों की सांस्कृतिक पृष्ठभूमि या सामाजिक-राजनीतिक पृष्ठभूमि एक पहलू है। मैनेजर के स्तर पर कोई भी कदम उठाने से पहले इसे अच्छी तरह समझना होगा।

इस तरह के कदम से वांछित व्यवहार को प्रोत्साहन मिलेगा या अवांछित व्यवहार को हतोत्साहित किया जा सकेगा, यह इस बात पर निर्भर करता है कि मौजूदा संस्कृति के साथ यह कितना मिलता-जुलता होगा।

किसी स्थान विशेष के लोगों के आचरणात्मक विन्यास को जो कार्य प्रभावित नहीं कर सकता, उसकी वजह से अप्रत्याशित रूप से प्रतिकूल जज्बाती माहौल तैयार हो सकता है और कार्य असफल हो सकता है।

'स्थान' का दूसरा पहलू आसपास का वातावरण होता है, जहाँ कार्य का निष्पादन निश्चित किया जाता है। जिस स्थान पर किसी महत्त्वपूर्ण कार्य को पूरा करने की योजना बनाई जाती है, उस स्थान के बारे में कुछ सोच-विचार करना जरूरी होता है।

सवाल का 'कहाँ' वाला हिस्सा भी समय के दो पहलुओं को दरशाता है—पहला सामान्य अर्थों में वह सामाजिक-आर्थिक परिस्थिति, जहाँ कार्य आरंभ होने वाला है।

हम ऐसे कई उदाहरणों से परिचित हैं, जब बेहतरीन विचारों व धारणाओं पर आधारित कार्य इसलिए पूरे नहीं हो पाए, क्योंकि समाज में उनके बारे में समय से पहले ही सोच लिया गया था।

इसी तरह, काफी देर से ऐसे विचारों को कार्यान्वित करने के उदाहरण भी मिल जाएँगे। ऐसे कार्य 15-20 साल पहले के माहौल में पूरे हो सकते

थे, मगर आज के माहौल के लिए जो अप्रासंगिक हो चुके हैं।

समय के महत्त्व को समझना मैनेजर के लिए जरूरी है, क्योंकि ऐसा होने पर ही वह अपने कर्तव्यों का भली-भाँति पालन कर सकता है।

'कहाँ' का दूसरा पहलू अल्प-अवधि है—दिन का कौन सा समय, अगले कुछ दिनों में होनेवाले कार्य आदि।

चाणक्य ने मैनेजरों को परामर्श दिया है कि उन्हें समय और स्थान के बाहरी तत्त्वों के प्रति जागरूक होना चाहिए, उनका भली-भाँति मुआयना करना चाहिए, कार्य शुरू करने से पहले समय और स्थान की अहमियत पर गौर करना चाहिए।

आचार्य चाणक्य ने लिखा है—'दैवहीनं कार्यं सुसाधं अपि दुःसाधं भवति।'

—अर्थात् जिस कार्य को पूरा करने में भाग्य साथ न दे रहा हो, वह आसान होने पर भी पूरा होना कठिन हो जाता है।

समय के साथ-साथ भाग्य, नियति या अवसर का हवाला दिया गया है। वैसे भी प्रबंधकीय अनुभवों से यह बात कही जा सकती है कि कई बार जो काम शुरू में आसान दिखाई देता है, वह कुछ ऐसी अप्रत्याशित कठिनाइयों के कारण पूरा नहीं हो पाता, जिन कठिनाइयों को दूर करने में कर्ता सफल नहीं हो पाता।

इस तरह असफल होने पर कहा जाता है कि 'भाग्य मेरे साथ नहीं है' या 'नियति को यह मंजूर नहीं है।' यह नहीं कहा जाता कि 'मुझसे चूक हो गई है।'

आचार्य चाणक्य ने लिखा है—'नीतिज्ञः देशकालो परीक्षेत्।'

—अर्थात् ज्ञानी व्यक्ति समय और स्थान का परीक्षण करता है।

मान लिया जाए किसी बुद्धिमान मैनेजर ने समय और स्थान के पहलुओं का जायजा लेकर और पूरी योजना बनाकर कोई काम शुरू कर दिया। इसके बावजूद अप्रत्याशित कठिनाई के चलते कार्य को सफलतापूर्वक पूरा करना कठिन हो जाए तो यह मानकर बैठ जाना ठीक नहीं होगा कि भाग्य साथ

नहीं दे रहा है; बल्कि समय और स्थान के पहलू की नए सिरे से पड़ताल की जानी चाहिए।

असल में, चाणक्य ने मैनेजर को विचाराधीन कार्यों की ऐसी समीक्षा करने की सलाह दी है। ऐसी समीक्षा के निष्कर्ष दो प्रकार के हो सकते हैं—कठिनाइयों को दूर करने की दिशा में प्रयत्न शुरू करना या कार्य को रोक देना।

□

जीवन-प्रबंधन के सूत्र

जो विचार चाणक्य ने सूत्र के रूप में सदियों पहले दिए थे, वे आज भी जीवन-प्रबंधन के मामले में बहुत प्रभावी हैं। इस मामले में संदेह करनेवाले इसे आजमाकर देख सकते हैं।

आज हालत यह है कि जीवन-प्रबंधन की राह बतानेवाले तथाकथित आधुनिक मैनेजमेंट गुरु लोगों से मोटी रकम वसूल रहे हैं। इसके बावजूद लोगों का जीवन सही दिशा में नहीं जा रहा है और कई तरह की समस्याओं का सामना करना पड़ रहा है।

दरअसल, ऐसी हालत में किसी पश्चिमी विचार पर आधारित आधुनिक गुरुओं के विचारों पर अमल करने के बजाय भारतीय महापुरुषों के विचारों पर अमल करने की जरूरत है, क्योंकि भारतीय समस्याओं का समाधान तो देसी तरीके से ही होगा।

किसी भी इनसान के जीवन-प्रबंधन में उसकी नेतृत्व क्षमता का महत्त्वपूर्ण योगदान होता है। इसलिए जीवन में सफलता की चाह रखनेवालों को अपने अंदर यह क्षमता विकसित करने की कोशिश करनी चाहिए।

इस प्रक्रिया में चाणक्य द्वारा सदियों पहले दिए गए सूत्र बहुत महत्त्वपूर्ण हैं। उन्होंने एक जगह लिखा है—'स्वमेवापस्कत्रं कार्य निरीक्षेत्।'

जब बात जीवन-प्रबंधन की हो तो इनसान को कई मोरचों पर सजगता के साथ काम करना आवश्यक हो जाता है। हर क्षेत्र में कार्य करने के दौरान हर किसी को अलग-अलग तरह के कई लोगों से मिलना होता है। ऐसे में जिस इनसान के पास सही व्यक्ति को पहचानने की क्षमता रहती है, वह उतना ही आगे बढ़ जाता है।

पर महत्त्वपूर्ण सवाल यह है कि सही व्यक्ति की पहचान आखिर कैसे की जाए?

इस सवाल का जवाब चाणक्य अपने कई सूत्रों के जरिए देते हैं। उन्हीं में से एक है—'ज्ञानानुमानैश्च परीक्षा कर्तव्यां।'

इसका तात्पर्य यह है कि ज्ञान और अनुमान के आधार पर परीक्षा ली जानी चाहिए। किसी व्यक्ति का चयन अगर किसी काम के लिए करना है तो सबसे पहले उसके ज्ञान की परीक्षा लेनी चाहिए।

उसे जो काम दिया जा रहा है, उसे वह जानता भी है या नहीं। उस विषय के बारे में वह कितना जानता है। इसके अलावा, उसके पहले के कार्यों के आधार पर यह अनुमान लगाया जाना चाहिए कि उसे जो काम दिया जा रहा है, वह उसे कर पाने में सक्षम है भी या नहीं।

अगर किसी व्यक्ति को न तो विषय की जानकारी हो और न ही उसने उस विषय से जुड़े काम किए हों तो स्वाभाविक तौर पर उसके किए उस विषय विशेष में सफल हो पाना बेहद मुश्किल हो जाता है। इसलिए, किसी भी काम के लिए व्यक्ति का चयन करते वक्त उसके ज्ञान और अनुभव को विशेष तौर पर देखना चाहिए।

किसी भी इनसान के जीवन-प्रबंधन में उसकी नेतृत्व क्षमता का महत्त्वपूर्ण योगदान होता है। इसलिए जीवन में सफलता की चाह रखनेवालों को अपने अंदर यह क्षमता विकसित करने की कोशिश करनी चाहिए।

नेतृत्व करने और ऐसी इच्छा रखनेवालों के लिए यह एक बेहद महत्त्वपूर्ण सूत्र है। एक योग्य नेतृत्वकर्ता का यह बुनियादी गुण है कि जिस तरह से सफलता का श्रेय उसे खुद मिल जाता है, उसी तरह से उसे आगे बढ़कर असफलता की जिम्मेदारी भी लेनी चाहिए।

जब नेतृत्वकर्ता आगे बढ़कर खुद काम को देखता है और उसे निपटाने में कामयाब रहता है तो उसका सकारात्मक असर उसके साथ काम करनेवाले लोगों पर भी पड़ता है। सही मायने में कहा जाए तो एक अनुकरणीय उदाहरण प्रस्तुत हो जाता है।

सफल नेतृत्वकर्ता बनने के लिए यह भी बेहद जरूरी है कि आपने

अगर कोई काम किसी को सौंपा है तो उस पर निगाह बनाए रखें। अगर कोई समस्या आती है तो समाधान के लिए खुद आगे बढ़ें।

ऐसा करने से आपने जिसे उस काम की जिम्मेदारी दे रखी है, उसके मन में आपके प्रति सम्मान बढ़ता है। इसके अलावा, वह उस काम को पूरा करने में दोगुने उत्साह के साथ लग जाता है।

इसी तरह, जीवन में सफल होने के लिए सही समय की पहचान भी बेहद जरूरी है; क्योंकि जो सही समय को पहचानने में कामयाब नहीं रहते हैं, उनका जीवन कई मुश्किलों से भर जाता है।

अवसर तो हर किसी के जीवन में आते हैं, लेकिन उन अवसरों को सही समय पर जो पहचान लेता है, वह सफल हो जाता है। जो उन अवसरों को पहचानने में चूक कर देते हैं, वे असफल लोगों में शुमार किए जाने लगते हैं।

इस काम में भी आचार्य चाणक्य अपने सूत्रों के जरिए आज भी लोगों की मदद करते हुए दिखते हैं। उन्होंने एक जगह लिखा है—

'प्रत्यक्षपरोक्षानुमानैः कार्याणि परीक्षेत्।'

मतलब यह कि उपलब्ध साधनों एवं अनुमानों से कार्यों की परीक्षा करें। दरअसल, किसी भी कार्य को सफल बनाने में यह सूत्र बड़ा सहायक है।

कार्य को शुरू करने से पहले इस बात का विचार करना बेहद जरूरी है कि कार्य को करने में किन-किन चीजों की जरूरत पड़ेगी। कार्य को अंजाम देने के लिए जरूरी चीजों में से आपके पास क्या-क्या है। क्या-क्या चीजें मँगानी हैं और उक्त जरूरी चीजें कहाँ से मिलेंगी।

इन बातों पर विचार करके कार्य की शुरुआत करने पर उसमें हानि नहीं होती है और काम पूरा होता है। ऐसा करने के लिए उपलब्ध साधनों पर निगाह डालना जरूरी है। साथ ही अपने और दूसरों के नए-पुराने अनुभवों का इस्तेमाल भी इसमें करना चाहिए।

जीवन प्रबंधन में किसी भी व्यक्ति के चरित्र की अहम भूमिका होती है, क्योंकि चरित्र के आधार पर ही किसी व्यक्ति का विचार एवं व्यवहार तय

होता है। चरित्र के आधार पर ही व्यक्ति का आचरण होता है। आचरण के मुताबिक ही कर्म होते हैं और फिर उसी कर्म के आधार पर फल मिलता है।

इसी से अंदाजा लगाया जा सकता है कि किसी भी इनसान की सफलता में चरित्र की कितनी अहम भूमिका है। चरित्र-निर्माण के लिए भी आचार्य चाणक्य ने कई सूत्र दिए हैं। उनके द्वारा दिया गया एक सूत्र है—

'आर्यवृत्तमनुतिष्ठेत्।'

मतलब यह कि श्रेष्ठ स्वभाव को बनाए रखें। इस सूत्र के निहितार्थ बड़े गहरे हैं। सामान्य और सुखद परिस्थितियों में और खास तौर पर अपने प्रियजनों के साथ स्वभाव की श्रेष्ठता तो बरकरार रहती है; लेकिन जैसे ही इन परिस्थितियों में बदलाव आता है, स्वभाव पर फर्क पड़ जाता है।

सफलता की चाह रखनेवालों को इस प्रवृत्ति से बचना चाहिए। किसी भी क्षेत्र में सफल होने के लिए यह बहुत जरूरी है कि आपके संपर्क में जो भी लोग आएँ, उनसे आप अच्छा व्यवहार करें। ऐसा तभी संभव हो पाएगा, जब आपका स्वभाव ठीक होगा।

स्वभाव की खराबी स्वाभाविक तौर पर काफी नुकसान पहुँचाती है। बने हुए काम भी अच्छा बरताव न करने की वजह से बिगड़ जाते हैं। वहीं कई बिगड़े हुए काम भी बढ़िया स्वभाव की वजह से बन जाते हैं।

जिसका स्वभाव श्रेष्ठ होता है, उसके संबंध सभी से अच्छे होते हैं। वहीं जिसका स्वभाव अच्छा नहीं होता, लोग उससे कटने लगते हैं।

ऐसे लोगों के लिए सफलता की राह बेहद मुश्किल हो जाती है। इसलिए सफलता के आकांक्षी लोगों के लिए यह बहुत जरूरी है कि वे अपने स्वभाव को अच्छा बनाएँ।

□

साहस की महत्ता

आचार्य चाणक्य ने लिखा है—'यः संसदि परदोषान् शंसति सः स्वदोषं प्रख्याययति।'

—अर्थात् जो व्यक्ति सदन में किसी दूसरे की गलतियों का इजहार करता है, इस तरह वह अपनी ही गलती का इजहार कर रहा होता है।

अधिकारियों की बैठक में या कर्मचारियों की सभा में यह जरूरी होता है कि मैनेजर काफी सोच-समझकर अपनी बात रखे या अपने शरीर की मुद्राओं को भी नियंत्रित रखे।

किसी नाकामी के चलते बुद्धिमान मैनेजर किसी व्यक्ति को दोषी ठहराने की कोशिश नहीं करेगा। वह इस बात का पता लगाने की कोशिश करेगा कि गलती किस तरह हुई थी। वह गलती करनेवाले को ढूँढ़ने में अपना समय नष्ट नहीं करेगा।

अगर किसी अधिकारी ने गलती की है तो मैनेजर बैठक में या कई लोगों की मौजूदगी में उस गलती की चर्चा करने से बचेगा, क्योंकि लापरवाही या त्रुटि का उल्लेख सभा में करने से गलती करनेवाले को सुधारने का उद्‌देश्य सिद्ध नहीं हो पाएगा।

अगर गलती करने के लिए किसी व्यक्ति को सार्वजनिक रूप से दोषी ठहराया जाता है या फटकारा जाता है तो उसका आत्मविश्वास डगमगा सकता है और उसकी भावना आहत हो सकती है। वैसी स्थिति में उसके मन में वक्ता के प्रति प्रतिशोध की भावना पनप सकती है।

अगर त्रुटि ढूँढ़नेवाले वक्ता का आरोप गलत होगा तो सभी के बीच आरोपी व्यक्ति उसे तिरस्कृत कर सकता है या उसका मजाक उड़ा सकता है।

इसी तरह अगर त्रुटि ढूँढ़नेवाले वक्ता का आरोप सही होगा तो सभा में मौजूद तमाम लोग आरोपी व्यक्ति का मजाक उड़ा सकते हैं। ऐसे सार्वजनिक अपमान के चलते आरोपी व्यक्ति की कार्य-क्षमता प्रभावित हो सकती है।

असल में, आचार्य चाणक्य ने यह कहने की कोशिश नहीं की है कि समूह के अंदर किसी व्यक्ति की गलती नहीं ढूँढ़नी चाहिए।

वे केवल यह बताना चाहते हैं कि सार्वजनिक रूप से दूसरे पर आरोप लगाना एक गलत आचरण है। ऐसा कोई मैनेजर नहीं चाहेगा कि दूसरे लोगों की नजरों में उसका व्यवहार दोषपूर्ण नजर आए।

आचार्य चाणक्य ने लिखा है—'आत्मानं एव नाशयति आत्मवतां कोपः।'

—अर्थात् सक्षम व्यक्ति का क्रोध स्वयं उसे ही नष्ट करता है।

क्रोध, जिसे व्यक्त किया जाए या न किया जाए, मानव स्वभाव का एक अनिवार्य अंग है। क्रोध मनुष्य को तब आता है, जब दूसरे व्यक्ति का व्यवहार उसके हित को या कार्य को प्रभावित करता है।

माना जाता है कि मैनेजरों को अधिक गुस्सा आता है, क्योंकि उन्हें हमेशा दूसरों से कोई-न-कोई कार्य करवाना होता है और कार्य की प्रगति में अकसर रुकावटें आती ही रहती हैं।

कर्मचारियों पर क्रोधित होने के पीछे कार्य-निष्पादन की मंशा हो सकती है; मगर जो अनुभवी मैनेजर होते हैं, वे इस बात को अच्छी तरह समझते हैं कि बात-बात पर गुस्सा होनेवाले व्यक्ति के आदेशों का न तो ठीक से पालन किया जाता है और न ही ऐसे व्यक्ति को इज्जत मिल पाती है।

असल में, ऐसे गुस्से व्यक्ति के प्रति दूसरों के मन में असंतोष और घृणा का भाव पनप सकता है। मगर मैनेजर दूसरों के ऊपर अपने गुस्से के प्रभाव को महसूस नहीं करता और न ही अपने स्वभाव को सुधारने की जरूरत ही समझता है।

क्रोध का प्रभाव व्यक्ति के अपने व्यक्तित्व पर अधिक घातक सिद्ध हो सकता है, क्योंकि इसके साथ जुड़ी अनुभूतियों को दबाया जाता है।

'गीता' में बताया गया है—'लगाव से अपेक्षा पैदा होती है, अपेक्षा टूटने पर क्रोध पैदा होता है, क्रोध की वजह से दुविधा उत्पन्न होती है और

इस तरह समझदारी बची नहीं रह जाती।

गुस्से की स्थिति में मैनेजर भ्रम की स्थिति में पहुँच सकता है और बगैर सोच-विचार किए ही दूरदर्शी निर्णय ले सकता है। उसका निष्कर्ष, उसके निर्णय और उसके कार्य क्रोध के जरिए संचालित व दिग्भ्रमित हो सकते हैं।

गुस्से के चलते मैनेजर की प्रभावशीलता घट सकती है और अपने लक्ष्य तक पहुँच पाने की उसकी संभावना भी क्षीण हो सकती है।

गुस्से में रहनेवाला मैनेजर अपनी गलतियों को बार-बार दोहरा सकता है और इस तरह मैनेजर के रूप में उसकी भूमिका पर सवालिया निशान लग सकते हैं। इस तरह वह अपने ही पतन को आमंत्रित कर सकता है।

आधुनिक चिकित्सा-शास्त्र ने यह भी साबित कर दिया है कि क्रोध की वजह से मनुष्य के स्वास्थ्य को काफी नुकसान हो सकता है। गरम मिजाजवाले व्यक्ति को हार्ट-अटैक की आशंका बनी रहती है।

आचार्य चाणक्य ने लिखा है—'न अस्ति अप्राप्यं सत्यव्रताम्।'

—अर्थात् जो लोग अपने बारे में पक्के होते हैं, उनके लिए कुछ भी हासिल करना संभव हो सकता है।

मैनेजर या लीडर की कामयाबी की एक अहम वजह वह भरोसा है, जो वे अपने मातहतों, सहकर्मियों और उच्चाधिकारियों के मन में पैदा करते हैं। इस तरह का भरोसा पैदा करने के लिए वे अपने वादे को सही समय पर पूरा भी करते हैं।

एक मैनेजर को सलाह दी गई है कि वह सार्वजनिक रूप से किसी पर आरोप नहीं लगाए और न ही गुस्से को अपने ऊपर हावी होने दे। अब उससे कहा जा रहा है कि वह अपने वचन का पालन करना सीखे।

वैसे, यह कहना सही नहीं होगा कि वचन का पालन करने से ही कामयाबी मिल जाती है। लेकिन यह जरूर कहा जा सकता है कि जो लोग अपने वचन का पालन करना जानते हैं, वे अधिक चुनौतीपूर्ण कार्यों को पूरा कर सकते हैं और इस तरह कामयाबी भी हासिल कर सकते हैं।

भरोसेमंद और वचन के पक्के मैनेजर के विचारों पर अधिक ध्यान दिया जाता है, क्योंकि वे योजनाओं को कार्यान्वित करना जानते हैं। उनसे

अपेक्षा की जाती है कि वे अपने कार्य को बीच में ही नहीं छोड़ेंगे।

ऐसे मैनेजर के निर्देशों का पालन उसके मातहत भी निष्ठा के साथ करना पसंद करते हैं। इस तरह ऐसे मैनेजरों के लिए निर्धारित लक्ष्यों को पूरा करना कठिन नहीं होता।

आचार्य चाणक्य ने लिखा है—'न केवलेन साहसेन कार्यसिद्धिः भवति।'

—अर्थात् केवल साहस के सहारे ही कोई कार्य पूरा नहीं किया जा सकता।

संसाधनों से युक्त सक्षम व्यक्ति संपत्ति का सृजन करने के क्रम में स्वाभाविक रूप से जोखिम उठाना पसंद करते हैं।

चाणक्य ने मैनेजमेंट के चार तत्त्व निर्धारित किए हैं—कुछ नया अर्जित करना, अर्जित वस्तु की सुरक्षा करना, अर्जित वस्तु की वृद्धि करना और कर्मचारियों की नियुक्ति करना।

इन बातों के लिए जोखिम उठाना, निर्भीकतापूर्वक कार्य करना और साहस प्रदर्शित करना जरूरी होता है।

हालाँकि जोखिम उठाने की ऐसी प्रवृत्ति और व्यवहार जरूरी है, मगर इसके साथ ही यहाँ केवल साहस पर ही नहीं निर्भर रहने की सलाह भी दी गई है।

सोच-विचार के बगैर कदम उठाना बुद्धिमानी की बात नहीं कहलाएगी। अचानक या अप्रत्याशित रूप से स्पष्ट निर्णय लेने का मौका आने पर भी सोच-समझकर ही निर्णय लिया जाना चाहिए।

निर्णय-प्रक्रिया में दो-तीन परामर्शकों को शामिल किया जाना चाहिए और संभावित कठिनाइयों से निबटने की रणनीति भी बनानी चाहिए।

साहस का एक अर्थ बल-प्रयोग (या हिंसा और क्रूरता) भी है। बल-प्रयोग के जरिए सफलता नहीं पाई जा सकती, यह बात भी सच है। अगर बल-प्रयोग के जरिए लोगों को कार्य करने के लिए विवश किया जाए तो उसका सुखद परिणाम सामने नहीं आ सकता।

हालाँकि चाणक्य ने इस सूत्र में बल-प्रयोग के अर्थों में 'साहस' शब्द का प्रयोग नहीं किया गया है। अगले सूत्र में यह स्पष्ट हो जाता है।

आचार्य चाणक्य ने लिखा है—'साहसे खलु श्रीः वसति।'

—अर्थात् संपत्ति का निवास जोखिम उठाने की क्षमता में होता है।

यह सभी जानते हैं कि समाज में संपत्ति-सृजन की सभी गतिविधियों के लिए जोखिम उठाना बुनियादी शर्त है। व्यवसाय के सभी उपक्रमों—चाहे कृषि हो, उद्योग हो या सेवा-क्षेत्र हो—के साथ कुछ हद तक अनिश्चितता एवं जोखिम के तत्त्व जुड़े होते हैं।

केवल व्यावसायिक प्रतिष्ठानों में नौकरी करनेवालों के साथ किसी तरह का जोखिम नहीं जुड़ा रहता। 'जोखिम उठाने की क्षमता में ही संपत्ति का निवास' बताकर मैनेजरों को प्रोत्साहित किया गया है कि संपत्ति-सृजन [illegible] में उन्हें सोच-समझकर जोखिम उठाना चाहिए। हालाँकि इसके [illegible] सूत्र में चेतावनी दी गई है कि केवल साहस के सहारे ही सफलता [illegible]ासिल की जा सकती।

[illegible] जोखिम उठाने का अर्थ है—अधिक मुनाफा अर्जित करने का प्रयास [illegible]ना और नाकाम्मी या आधी सफलता का सामना करने के लिए भी तत्पर [illegible]हना। जिस मुनाफे का लक्ष्य निर्धारित किया जा सकता है, कई बार उसे पूरी तरह हासिल करना संभव नहीं हो पाता या कई बार जोखिम उठाए बगैर भी उसे हासिल किया जा सकता है या पूरी तरह गँवाया जा सकता है।

[illegible]नेजर उद्यमी को इस तरह के नुकसान का सामना करने के लिए तैयार रहना पड़ेगा और भविष्य में भी ऐसे साहसपूर्ण रुख को अपनाने के लिए मानसिक रूप से तैयार रहना पड़ेगा।

आचार्य चाणक्य ने लिखा है—'व्यसनार्तः विस्मरति अवश्यकर्तव्यान्।'

—अर्थात् व्यसनग्रस्त मनुष्य अपने आवश्यक कर्तव्यों को भूल जाता है।

आचार्य चाणक्य जुआ, शिकार और वासना जैसे व्यसनों के दुष्परिणाम से आगाह कर चुके हैं। यहाँ उन्होंने एक और दुष्परिणाम के बारे में बताया है, मैनेजर सही समय पर अपने आवश्यक कर्तव्य का पालन नहीं कर पाता।

व्यसन के चलते कार्य पूरा नहीं हो पाता या ठीक से पूरा नहीं हो पाता या कार्य की उपेक्षा की जाती है।

जोखिम उठाने की सलाह देने के तुरंत बाद यह चेतावनी क्यों दी गई है? संभवतः चाणक्य इस बात को स्पष्ट करना चाहते थे कि मैनेजर को हमेशा जागरूक रहना चाहिए और सही समय पर अपने दायित्वों का पालन करना चाहिए।

मैनेजर अपने कर्तव्यों की अवहेलना नहीं कर सकता। इसके लिए मैनेजर को व्यसनों के चंगुल से मुक्त रहना पड़ेगा।

आचार्य चाणक्य ने लिखा है—'असंशयविनाशात् संशयविनाशः श्रेयान्।'

—अर्थात् संशय के साथ रहने की जगह उसे दूर करना जरूरी होता है।

'संशय' शब्द के तीन अर्थ हैं, जो यहाँ मैनेजर के परामर्श के लिए सटीक प्रतीत होते हैं—पहला संदेह, अनिश्चितता या दुविधा; दूसरा, भ्रम या अनिर्णय और तीसरा, खतरा या जोखिम।

जब किसी चुनौती का सामना करना होता है, तब मैनेजर के लिए कदम उठाना जरूरी होता है। अकसर जो सूचनाएँ उपलब्ध होती हैं, वे पूर्ण या विश्वसनीय नहीं होतीं। उसे जो सूचना मुहैया कराई जाती है, उसको लेकर संदेह पैदा होता है। ऐसे संदेह का निदान किया जाना जरूरी होता है।

जब तक संदेह को दूर नहीं किया जाएगा, तब तक आत्मविश्वास के साथ मैनेजर के लिए कारगर कदम उठा पाना संभव नहीं होगा। दुविधा या अनिश्चितता की स्थिति बने रहने से कार्य प्रभावित होता है।

मैनेजर को तुरंत निर्णय लेना पड़ता है। भले ही उसके पास पर्याप्त सूचनाएँ उपलब्ध नहीं हों, फिर भी उसे अगले कदम को निर्धारित करना पड़ता है।

किसी भी मैनेजर के लिए अनिर्णय की स्थिति उसकी कमजोरी मानी जाती है। दुविधा में रहनेवाला मैनेजर कई बार बेहतर अवसरों को गँवा बैठता है।

चाणक्य की सलाह है कि अगर कार्य के साथ या कार्य से जुड़े व्यक्ति के साथ कोई संकट नजर आए तो बेहतर यही होगा कि सबसे पहले उस संकट को दूर किया जाए।

□

सफल इच्छाएँ नहीं, प्रयास होते हैं

केवल चाहने से कुछ नहीं होता। अर्थनीति की भाषा में कहा जाए तो सभी इच्छाएँ बाजार में माँग नहीं बन पातीं। केवल वे इच्छाएँ ही माँग में परिवर्तित हो पाती हैं, जिनके लिए संसाधन उपलब्ध होते हैं या जुटाए जाते हैं और उन संसाधनों को उन इच्छाओं की पूर्ति के लिए लगाने की तत्परता होती है।

इसी प्रकार, परिणाम कभी भी हमारी इच्छा पर आधारित नहीं होते। परिणाम हमारे द्वारा किए गए प्रयासों, प्रयुक्त संसाधनों और वातावरण के साथ अंत:क्रिया का संयुक्त परिणाम होते हैं।

अत: हमें कभी भी यह अपेक्षा नहीं करनी चाहिए कि परिणाम हमारी इच्छानुसार ही होंगे। हमें निस्संदेह समय-समय पर अपेक्षा से न्यून परिणामों या विपरीत परिणामों का भी सामना करना पड़ता है।

यही नहीं, कभी-कभी हमारी अपेक्षा से अधिक भी प्राप्त हो सकता है; किंतु हमें इस स्थिति में भी परिणामों से प्रभावित हुए बिना अपने प्रयासों की निरंतरता को बनाए रखना है।

कभी भी परिस्थितियों से हार न मानें। इस संदर्भ में 'चाणक्य नीति' के तीसरे अध्याय का प्रथम श्लोक उल्लेखनीय है—

कस्य दोष: कुले नास्ति व्याधिना को न पीडित:।
व्यसनं केन न प्राप्तं कस्य सौख्यं निरन्तरम्॥

—अर्थात् संसार में ऐसा कौन व्यक्ति है, जिसके वंश में कोई-न-कोई दोष या अवगुण न हो। कहीं-न-कहीं कोई-न-कोई दोष निकल ही आता है।

संसार में कोई ऐसा प्राणी नहीं है, जो कभी-न-कभी किसी-न-किसी रोग से पीड़ित न हुआ हो, अर्थात् रोग कभी-न-कभी सभी व्यक्तियों को सताता ही है। संसार में ऐसा कौन व्यक्ति है, जिसे कोई भी व्यसन न हो और संसार में ऐसा कौन व्यक्ति है, जिसने सदैव सुख ही पाया हो—अर्थात् कभी-न-कभी सभी व्यक्तियों को न्यूनाधिक विपरीत परिस्थितियों का सामना भी करना ही पड़ता है।

चाणक्य ने बताया है कि विकास के पथिक को विपरीत परिस्थितियों का सामना करने के लिए भी तैयार रहना चाहिए।

अनुकूल परिस्थितियों में तो सामान्य जन भी श्रेष्ठ परिणाम दे सकते हैं; किंतु विकास के पथ पर अनवरत चलने के लिए तो विपरीत परिस्थितियों को भी स्वीकार करके नवीन पथ का सृजन करना अपेक्षित है। चाणक्य हमें विपरीत परिस्थितियों से डटकर मुकाबला करने की प्रेरणा देते हैं।

प्रकृति ने प्रत्येक प्राणी को अनुपम बनाया है। कोई भी दो व्यक्ति समान नहीं मिल सकते। यहाँ तक कि जुड़वाँ भाई या जुड़वाँ बहनों में भी अंतर मिलता है। ऐसी स्थिति में, जबकि प्रत्येक व्यक्ति भिन्न है, निश्चित रूप से उसकी इच्छाएँ, अभिरुचियाँ, आवश्यकताएँ, ध्येय, उद्देश्य, लक्ष्य आदि भिन्न-भिन्न होंगे।

अत: भिन्न व्यक्तियों की क्षमताएँ, योग्यताएँ, संकल्प-शक्ति, अभिप्रेरणा का स्तर भी भिन्न-भिन्न होगा। अब भिन्न-भिन्न व्यक्तियों के प्रयास और उनके परिणाम भी भिन्न-भिन्न ही होंगे।

ऐसे में, एक व्यक्ति की सफलता को मापने के लिए दूसरे व्यक्ति से तुलना करना अनुचित है। व्यक्ति को अपनी तुलना किसी अन्य व्यक्ति से करने की अपेक्षा अपनी तुलना स्वयं से ही करनी चाहिए कि एक वर्ष पहले मैं कहाँ था और एक वर्ष बाद मैंने कौन-कौन सी सफलताएँ व उपलब्धियाँ हासिल की हैं? मैं जो लक्ष्य लेकर प्रयास कर रहा था, वह प्राप्त हुआ या नहीं?

सफलता सबको अच्छी लगती है, किंतु सफलता के पैमाने अलग-अलग हैं। सभी समय-समय पर सफलता प्राप्त करते भी हैं, किंतु हम

सफलता का अर्थ न जानने के कारण सफलता की अनुभूति नहीं कर पाते।

हमें पता ही नहीं होता कि हम सफल हुए हैं। इसका कारण है, हम अपने प्रयासों पर ध्यान नहीं देते। हमने जो प्रयास किए हैं, उनकी तुलना में परिणाम प्राप्त हो रहे हैं, यही तो सफलता है।

हम सफलता तो चाहते हैं, किंतु सफलता क्या है, कब कितनी सफलता मिली, इस पर विचार नहीं कर पाते। हमें कब कौन सी सफलता मिली? हम इसकी अनुभूति नहीं कर पाते।

हम अपनी सफलता की तुलना दूसरों की उपलब्धियों से करने के कारण अपनी सफलता को असफलता समझ बैठते हैं और स्वयं हीन-भावना के शिकार होते चले जाते हैं।

सफलता की प्रक्रिया में हमें अपनी उपलब्धियों की तुलना दूसरों की उपलब्धियों से करके सफलता के मूल्य को कमतर नहीं करना चाहिए।

हमारी सफलता का संबंध दूसरों की उपलब्धियों से न होकर हमारे प्रयासों से होता है। कोई भी उपलब्धि हमारे द्वारा किए गए प्रयासों का परिणाम होती है। कंप्यूटर की भाषा में बात करें तो इनपुट पर प्रक्रिया होने के बाद आउटपुट मिलता है।

आउटपुट ही वास्तव में हमारी उपलब्धियाँ हों। ये उपलब्धियाँ ही तो सफलताएँ हैं। सफलता की यात्रा इस बात पर निर्भर है कि आपने वास्तव में कितना इनपुट किया है। इनपुट की गई प्रक्रिया की गुणवत्ता कैसी रही?

आउटपुट की आकांक्षा सभी को होती है, किंतु हम इस बात को नहीं समझ पाते कि आउटपुट तो इनपुट और प्रोसेस का ही परिणाम होता है, अर्थात् उपलब्धियों का आनंद लेने के लिए हमें संसाधनों के आवंटन और उनके समुचित प्रबंधन के साथ उपयोग पर ध्यान केंद्रित करना होगा।

सभी सफलता पाना चाहते हैं; किंतु बहुत कम लोग होते हैं, जो यह स्वीकार कर पाते हैं कि वे सफल हो रहे हैं।

सफलता को तभी पाया जा सकता है, जबकि हम यह स्वीकार करें कि असफलता नाम की कोई चीज शब्दकोश के सिवाय कहीं मिलती ही

नहीं। छोटी-छोटी सफलताओं को स्वीकार करके ही हम जीवन का आनंद उठा सकते हैं।

वास्तव में, हम दिन-प्रतिदिन क्या हर पल-क्षण कुछ-न-कुछ करते ही रहते हैं और उन प्रयासों के परिणामस्वरूप हम दिन-प्रतिदिन ही नहीं, क्षण-प्रतिक्षण उपलब्धियाँ भी हासिल करते हैं।

छोटी-छोटी उपलब्धियाँ ही छोटी-छोटी सफलताएँ हैं। इन छोटे-छोटे प्रयासों को नियोजित ढंग से शृंखलाबद्ध करने से इनकी शक्ति एकजुट होकर आपको बड़ी सफलता की ओर अग्रसर कर सकती है; किंतु आपकी सफलता की भूख निरंतर बढ़ती ही रहनी चाहिए।

आपके द्वारा किए गए प्रयासों से जो भी उपलब्धियाँ हासिल हों, उन्हें स्वीकार कीजिए। किसी भी स्थिति में निराश होने की आवश्यकता नहीं है, क्योंकि कोई भी प्रयास कभी असफल नहीं होता।

विद्यार्थी विद्याध्ययन के लिए विद्यालय में जाता है। वह प्रतिदिन प्रति कालांश कुछ-न-कुछ सीखता ही है। अध्यापक विभिन्न प्रत्यक्ष या अप्रत्यक्ष तरीकों से विद्यार्थियों को सिखाने का प्रयत्न करते रहते हैं।

विद्यार्थी भी कक्षा और कक्षा से बाहर सीखने में मगन रहते हैं। वे प्रतिक्षण उपलब्धियाँ हासिल करते हैं; किंतु अध्यापक अपने विद्यार्थियों को इन उपलब्धियों की अनुभूति करा पाने में समर्थ नहीं बना पाते।

यदि इस प्रकार की अनुभूति कराने में समर्थ हो जाएँ तो अध्यापकों को विद्यार्थियों को अभिप्रेरित करने के लिए परेशान न होना पड़े और यदि अध्यापक विद्यार्थियों को कार्य से अभिप्रेरित करने की कला सिखा सकें तो अनुशासनहीनता की समस्या का स्वतः ही समाधान हो जाए।

यदि विद्यार्थियों को परीक्षाओं से डराने की अपेक्षा उन्हें सीखने की ओर लगाया जाए तो कार्य स्वयं ही अभिप्रेरणा का साधन बन जाएगा।

आचार्य चाणक्य का कहना है कि विद्यार्थी जो सीख रहे हैं, उसकी अनुभूति करना उन्हें सिखा दिया जाए तो वे सफलता को स्वीकार करने तथा उसका आनंदोत्सव मनाने की आदतों का विकास कर सकेंगे।

विद्यार्थियों को जो मिला है, उस पर प्रसन्न होने का अवसर देने की अपेक्षा उन्हें परीक्षाओं के नाम पर डराया जाता है। उन परीक्षाओं को काल्पनिक उपलब्धियों के रूप में प्रस्तुत किया जाता है, जो वास्तव में विद्यार्थी को कुछ भी नहीं सिखाती।

परीक्षा सदैव खरा परीक्षण करती हो, ऐसा भी नहीं है। यदि कोई विद्यार्थी परीक्षा में शून्य अंक प्राप्त करता है तो इसका आशय यह हुआ कि उस विषय में उस परीक्षार्थी को अपने प्रयासों में शून्य उपलब्धि हासिल हुई है, अर्थात् उसे कुछ भी नहीं आता। अब किसी भी विद्यार्थी के लिए, जिसने वर्ष भर प्रयास किए हैं, जिसने वर्ष भर बस्ते को ढोया है, व्याख्यानों को झेला है, उसका ज्ञान शून्य होना तो असंभव है। यह तो परीक्षा प्रणाली की ही खामी है कि वह उस विद्यार्थी के ज्ञान का मूल्यांकन नहीं कर पाई।

परीक्षा उत्तीर्ण करना उपलब्धि नहीं, बल्कि सीखना उपलब्धि है और वह परीक्षाओं से नहीं, कक्षा और कक्षा से बाहर निरंतर प्रयासरत रहने से निरंतर प्राप्त होती रहती है; किंतु विद्यार्थी को उन उपलब्धियों को स्वीकार करना सिखाने में अध्यापक सफल नहीं हो पाते।

यह भी कहा जा सकता है कि उसके लिए अध्यापक प्रयास ही नहीं करते। यदि विद्यार्थी को दिन-प्रतिदिन प्राप्त होनेवाली सफलताओं को स्वीकार करना सिखाया जा सके तो निश्चित रूप में सीखना उनके लिए आनंददायक अनुभव हो जाएगा।

अतः सफलता तभी मिल सकती है, जब हम अपने प्रत्येक प्रयास के महत्त्व को समझें और प्रत्येक प्रयास की पूर्णता को स्वीकार करें। पूर्णता के साथ प्रयास करना ही अपने आप में सफलता है।

छोटे-छोटे प्रयास महत्त्वपूर्ण होते हैं। छोटी-छोटी सफलताएँ भी महत्त्वपूर्ण होती हैं। ध्यान रखें कि छोटी-छोटी बातें ही पूर्णता की ओर ले जाती हैं—और पूर्णता कभी छोटी नहीं होती।

आप सफलता के आनंद की अनुभूति तभी कर पाएँगे, जब आप स्वीकार करेंगे कि आपके द्वारा किए गए प्रयास सफल हुए हैं। अतः

सफलता की प्रक्रिया को जानना और उसे स्वीकार करना आवश्यक है।

सफलता को स्वीकार करने का आशय केवल उपलब्धियों को स्वीकार करने से नहीं है। इसका आशय सफलता की संपूर्ण प्रक्रिया को स्वीकार करने से है।

जीवन में अनगिनत सफलताएँ मिलती हैं, जिन्हें हम स्वीकार न करके आनंद की अनुभूति से वंचित रह जाते हैं और काल्पनिक असफलताओं से परेशान होते रहते हैं।

वास्तविक रूप से कोई भी व्यक्ति असफल नहीं होता। जो व्यक्ति काम करता है, उसका परिणाम भी प्राप्त होता है। प्रयासों में जितनी तीव्रता और प्रभावशीलता होगी, तदनुकूल उपलब्धियाँ या अनुभव की प्राप्ति होगी।

प्रयास करने से हमें उपलब्धियाँ मिलें या अनुभव, प्रयास तो सफल ही होने हैं। जरूरत उस सफतलता को समझने व स्वीकार करने की है।

जिंदगी में सफलता के नुस्खे को कुछ इस तरह बयाँ किया जा सकता है—

"जिंदगी उन्हीं को आजमाती है, जो हर मोड़ पर चलना जानते हैं। कुछ पाकर तो हर कोई खुश रहता है; पर जिंदगी उसी की है, जो खोकर भी मुसकराना जानते हैं।"

प्रसिद्ध लेखक रॉबर्ट एच. शूलर की एक पुस्तक है—'टफ टाइम्स नेवर लास्ट, टफ पीपुल डू'। इसमें समस्या यानी अँधेरे के पीछे छिपे समाधान और उजाले के लिए वह कहते हैं, "हर समस्या संभावनाओं से भरी है। आप अपने पहाड़ को सोने की खदान में बदल सकते हैं। इसके लिए व्यक्ति को अपने मन में इस बात को भली-भाँति स्वीकार कर लेना चाहिए कि समस्याएँ और जीवन में आनेवाले अँधेरे जिंदगी का एक अहम हिस्सा हैं। उन्हें पार करके ही हम उजालों में प्रवेश कर सकते हैं और अपने व्यक्तित्व को सफल बना सकते हैं।

सफलता को स्वीकार करने से पूर्व हमें सफलता की प्रक्रिया यानी संघर्ष को भी स्वीकार करना होगा। अच्छा हो, हम इसे प्रसन्नता के साथ

स्वीकार करें और हमारे चेहरे से क्षण भर के लिए भी मुसकराहट न हटे।

कर्म जिस लक्षण की प्राप्ति के लिए किया जाता है, उस उद्देश्य की प्राप्ति ही सफलता का द्योतक होता है।

कर्म निरुद्देश्य नहीं हो सकता। मानव के समस्त कर्म ध्येय आधारित होते हैं। इसे हम यूँ भी कह सकते हैं कि मानव एक विवेकशील प्राणी है। अत: उसके समस्त कर्म ध्येय-आधारित होने चाहिए।

मानव का ध्येय ही स्पष्ट नहीं होगा तो वह कर्म करेगा किसके लिए? जब गंतव्य ही निर्धारित नहीं होगा तो हम यात्रा का प्रारंभ ही क्यों करेंगे और किस दिशा की ओर? निस्संदेह हम यात्रा प्रारंभ करने से पूर्व गंतव्य का निर्धारण करते हैं।

ठीक उसी प्रकार कोई भी कार्य करने से पूर्व उसका उद्देश्य भी स्पष्ट कर लेना चाहिए। ध्येय, उद्देश्य व लक्ष्य ही हैं, जो हमें आगे बढ़ने और निरंतर कर्मरत रहने की अभिप्रेरणा देते हैं। ध्येय, उद्देश्य या लक्ष्य के बिना मानव दीर्घकाल तक कर्मरत नहीं रह सकता।

चाणक्य ने अपने सूत्रों के माध्यम से संदेश दिया है—सफलता तो तब है, जब हमने कोई लक्ष्य निर्धारित किया हो, परिस्थितियों का अध्ययन किया हो, पूर्वानुमान लगाया हो; उसके लिए योजना बनाई हो, उसके लिए संसाधन जुटाए हों और उन संसाधनों का तकनीकी के साथ कुशलतापूर्वक प्रयोग किया हो।

इस प्रकार मानवीय व भौतिक संसाधनों का प्रबंधन करने के साथ किए गए प्रयासों के परिणामस्वरूप प्राप्त होनेवाला संतुष्टिदायक परिणाम ही उस कार्य का फल है। कार्य का फल प्राप्त होना ही तो सफलता है।

सफलता का आधार कर्म है। कर्म के महत्त्व को इस प्रकार स्पष्ट किया जा सकता है—

कर्म जिनके अच्छे हैं, किस्मत उनकी दासी है।
नीयत जिनकी अच्छी है, घर ही मथुरा काशी है॥

'सफलता' शब्द का निर्माण 'स' उपसर्ग और 'ता' प्रत्यय के 'फल'

के साथ योग से हुआ है, जिसका अर्थ होता है—'फल सहित', अर्थात् किए गए प्रयासों का फल या परिणाम प्राप्त होना।

अपने प्रयासों का परिणाम प्राप्त करना, अर्थात् किए गए प्रयासों का परिणाम के रूप में फलीभूत होना। अभिधा शक्ति के अनुसार, सफल का अर्थ फल लगने से होता है, किंतु इसका अधिकांशतः लाक्षणिक अर्थ लिया जाता है।

लाक्षणिक अर्थ में सफलता का अर्थ 'किसी कर्म का तदनुकूल परिणाम प्राप्त होने से है।'

इस प्रकार, सफलता कर्म के पश्चात् आती है। सफलता से पूर्व कर्म की उपस्थिति आवश्यक है। यदि किसी व्यक्ति को बिना कर्म किए कोई वस्तु अनायास प्राप्त हो जाती है तो सफलता नहीं कहा जा सकता।

वह व्यक्ति सफलता के आनंद का अधिकारी भी नहीं है। यदि वह व्यक्ति अनायास प्राप्त होनेवाली वस्तु को प्राप्त करने का जश्न मनाता है तो वह मुफ्तखोर है। मुफ्तखोरी न तो व्यक्ति के विकास के लिए उपयोगी है और न समाज व राष्ट्र के विकास के लिए।

जब कर्म ही नहीं किया गया तो सफलता किस बात की। बीज बोने पर ही पौधा अंकुरित होता है। बिना बीज डाले, सिंचाई किए, पुष्पित-पल्लवित हुए फल प्राप्त नहीं हो सकता।

प्राप्त होना भी नहीं चाहिए। यह प्रकृति के सिद्धांतों के प्रतिकूल है और प्रकृति के सिद्धांत के खिलाफ क्रियाएँ होना विनाश का पूर्वाभास ही कहा जा सकता है।

कहने का आशय है—अनायास कुछ प्राप्त हो जाना सफलता नहीं है।

'सफलता' सर्वप्रिय शब्द है। सभी व्यक्ति सफल होना चाहते हैं। सभी व्यक्तियों में सफलता की भूख पाई जाती है।

एक छोटा सा बच्चा भी अपने प्रयासों में सफलता पाकर फूला नहीं समाता और अपेक्षित परिणाम न पाकर मुँह लटका लेता है या होने लगता है।

आप कभी बच्चों को खेलते हुए देखिए। खेल में सफल होकर बच्चे कितने आनंद का अनुभव करते हैं। बच्चा अपने माँ-बाप या अभिभावकों से कोई बात मनवाना चाहता है और उसके प्रयास के फलस्वरूप हम उसकी बात मान लेते हैं। अपने प्रयासों के सफल होने पर वह कितना खुश होता है। कभी महसूस करके तो देखिए।

सफलता केवल अंतरराष्ट्रीय या राष्ट्रीय प्रतिस्पर्धाओं में स्थान पाकर ही नहीं मिलती। माँ-बाप अपनी नन्ही-मुन्नी बच्ची को लड़खड़ाते हुए एक कदम चलाने में सफल हो जाते हैं तो वह पहला कदम उन्हें कितना आनंद देता है, उसकी अनुभूति शब्दों में बयाँ करना संभव नहीं है।

आचार्य चाणक्य के अनुसार, सफलता की अनुभूति करने के लिए आवश्यक है कि हम सफलता के अर्थ को जानें और स्वीकार करें कि हमने उपलब्धि प्राप्त की है और यह उपलब्धि हमारे प्रयासों की सफलता है।

□

खुशहाली के लिए जरूरी है नैतिक आचरण

आचार्य चाणक्य ने लिखा है—'सुखस्य मूलं धर्मः', अर्थात् सुख का मूल नैतिक आचरण है।

शब्द मूल का अर्थ जड़, आरंभ, शुरुआत या आधार, बुनियाद, उत्स है। इनमें से किसी भी शब्द के संदर्भ में इस कथन को समझने का प्रयास करेंगे तो स्पष्ट संदेश मिल जाएगा। 'धर्म' सुख का आधार है। सुख का अर्थ समृद्धि, कल्याण, अच्छी सेहत, दुःखों से मुक्ति, सुख-सुविधा आदि है। यहाँ 'धर्म' शब्द का प्रयोग किसी पूजा-पाठ के अर्थ में नहीं किया गया है, बल्कि दायित्व या आचार-संहिता के रूप में किया गया है।

कौटिल्य ने 'अर्थशास्त्र' में 'धर्म' शब्द की विस्तृत व्याख्या की है। इस शब्द के साथ मनुष्य के व्यवहार के तीन पहलू जुड़े होते हैं—पहला पहलू विभिन्न वर्णों (ब्राह्मण, क्षत्रिय, वैश्य, शूद्र) के कर्तव्यों से जुड़ा है। पठन-पाठन, पूजा-पाठ आदि ब्राह्मण का कर्तव्य है। अध्ययन करना, रक्षा करना आदि क्षत्रिय का कर्तव्य है। व्यवसाय, कृषि, पशुपालन आदि वैश्य का कर्तव्य है और सेवा करना, मेहनत करना, मनोरंजन करना आदि शूद्रों का कर्तव्य है। (उस युग में किसी वर्ण विशेष में जन्म के साथ 'पेशा' को जोड़कर नहीं देखा जाता था।)

दूसरा पहलू प्रत्येक वर्ण के मनुष्य के जीवन के चार चरणों (ब्रह्मचर्य, गृहस्थ, वानप्रस्थ और संन्यास) से जुड़ा हुआ है। प्रत्येक व्यक्ति के जीवन के 20-25 वर्षों की अवधि को अध्ययन, प्रशिक्षण करने, परिवार बसाने और समाज के लिए योगदान करने, माया-मोह से दूरी बनाने और अंत में आध्यात्मिक शांति प्राप्त करने के लिए संन्यास हेतु वर्गीकृत किया गया है।

तीसरा पहलू सभी सभ्य समाज के नागरिकों की आचार-संहिता से जुड़ा हुआ है। चाणक्य ने छह गुणों को पेश किया है, जिन्हें प्रत्येक व्यक्ति को अपनाना चाहिए—अहिंसा, सत्य, स्वच्छता, तटस्थता, सहिष्णुता और क्षमा।

वर्तमान समय की सभी लोकतांत्रिक व्यवस्थाओं में व्यक्ति को वर्ण का चुनाव करने की आजादी मिली हुई है। वहीं आश्रम व्यवस्था का विचार संसार के उन लोगों के जीवन में फलीभूत होते हुए देखा जा सकता है, जिनके पास आजीविका के सुरक्षित साधन मौजूद हैं।

यह तीसरा पहलू है—जिन्हें चाणक्य ने किसी भी समाज में व्यक्ति के तीन सकारात्मक और तीन गैर-नकारात्मक व्यवहार से संबंधित पक्ष के रूप में सूचीबद्ध किया है—जो धर्म को परिभाषित करता है।

इन सभी धारणाओं को मैनेजमेंट के संदर्भ में हम 'नैतिक आचरण' कहकर पुकार सकते हैं।

यह गौर करनेवाली बात है कि मैनेजमेंट के एक सिद्धांत के प्रथम मूल की शुरुआत ही 'सुख' शब्द के साथ होती है—न धन, न यश, न ही सफलता का उल्लेख किया जाता है; बल्कि सुख का उल्लेख किया जाता है, जो 'आनंद' से अलग अर्थ वहन करता है।

वास्तव में, समाज में रहनेवाला प्रत्येक व्यक्ति सुख की आकांक्षा रखता है। मैनेजमेंट के कौशल का उद्देश्य सभी के लिए सुख का सृजन करना होता है। यह सुख केवल शासक/मैनेजर के लिए ही नहीं होता, बल्कि सेवकों/कर्मचारियों के लिए भी होता है।

इस तरह का परिणाम हासिल करने के लिए नैतिक आचरण ही आधार हो सकता है, यानी समाज में प्रत्येक व्यक्ति को इसी तरह खुशहाल बनाया जा सकता है।

नैतिक आचरण पूरी दुनिया का आदर्श हो सकता है, वहीं नैतिकता के मापदंड को समाज की अपनी संस्कृति के जरिए परिभाषित किया जाता है। दूसरे शब्दों में, नैतिकता संस्कृति आधारित होती है, जबकि नैतिक आचरण सभी मनुष्यों के लिए एक समान होता है।

नैतिक आचरण को दो सरल शर्तों के जरिए परिभाषित किया जा सकता

है और जिसे पूरी दुनिया स्वीकार भी कर सकती है। हम यहाँ व्यक्ति की ऐसी क्रिया पर विचार करेंगे, जिसका कुछ प्रभाव दूसरे व्यक्ति या व्यक्तियों पर पड़ता है। दूसरी सभी क्रियाएँ नैतिक रूप से तटस्थ हैं।

1. मान लीजिए, ए नामक व्यक्ति एक्स कार्य करते हुए खुश होता है, जिसका प्रभाव दूसरे व्यक्ति बी पर पड़ता है। अगर ए को भी बी के द्वारा एक्स कार्य करने से खुशी मिलती है तो एक्स नैतिक आचरण कहलाएगा।
2. अब वाई नामक कार्य पर विचार करें, जो उसको खुश करने के लिए ए करता है, जिससे पूरा समाज प्रभावित होता है, जिसमें वह रहता है। अगर समाज के सारे सदस्य वाई कार्य करेंगे तो क्या समाज के सभी सदस्यों को खुशी महसूस होगी? अगर हाँ, तो वाई एक नैतिक आचरण है। अगर समाज के सारे सदस्य वाई कार्य करते हैं तो क्या समाज का अस्तित्व लंबे समय तक बना रह सकता है? अगर हाँ, तो वाई कार्य नैतिक आचरण कहलाएगा।

गौर करने से पता चलता है कि ऊपर के दोनों उदाहरण एक-दूसरे के पूरक हैं। नैतिक आचरण का बड़ा हिस्सा नैतिकता के मापदंड की श्रेणी में आता है, वहीं नैतिकता के कुछ नियम सार्वभौमिक होते हैं।

किसी भी समुदाय, समाज, देश में सर्वसम्मति से और धार्मिक सहमति से महत्त्वपूर्ण आचार-संहिता का निर्माण किया जाता है।

इस तरह की आचार-संहिता लगभग प्रत्येक व्यक्ति को बचपन में ही रटा दी जाती है। यह कार्य घर में माता-पिता और स्कूल में शिक्षक गण करते हैं। ऐसी आचार-संहिता में नैतिक आचरण के साथ ही नैतिकता के सिद्धांतों का भी मिश्रण होता है। समाज इनमें से कुछ नियमों को कानूनी जामा पहना देता है और इनके उल्लंघन के बदले दंड का प्रावधान भी निर्धारित कर देता है।

चाणक्य के पिता को नंद शासकों के अन्याय का सामना करना पड़ा था और चाणक्य प्रजा की खुशहाली के लिए राजा के नैतिक आचरण की अहमियत को अच्छी तरह समझते थे। चाणक्य ने अपने जीवन के अनुभवों

से काफी कुछ सीखा था। वहीं भारत में नैतिक आचरण की जो प्राचीन परंपरा रही है, चाणक्य उससे भी प्रेरित हुए थे।

प्राचीन भारत में रघुवंश का उदाहरण है, जिस वंश में राम और भरत जैसे महान शासकों ने जन्म लिया। इसी तरह महाभारतकालीन विदुर की नीतियाँ चाणक्य के समय से 3,000 वर्ष पहले से समाज में प्रचलित रही थीं।

चीन में ई.पू. छठी शताब्दी में राज्य शासन के लिए नैतिक आचरण को अपनाने की सीख कन्फ्यूशियस दे चुके थे।

चाणक्य के समय से महज 300 वर्ष बाद जन्म लेनेवाले तमिलनाडु के संत तिरुवल्लुवर ने नैतिक आचरण के संदेश को सहज-सरल कविता के जरिए आम लोगों तक पहुँचाने का काम किया।

सन् 800 से 1700 तक भारत की विभिन्न भाषाओं के संत व कवियों ने आसान भाषा शैली का प्रयोग करते हुए सदाचार और प्रसन्नता से जुड़े जीवन-दर्शन को आम लोगों के बीच प्रचारित-प्रसारित किया।

भारतीय भाषाओं की समृद्ध गौरवशाली परंपराओं का गहरा प्रभाव वर्तमान युग के भारतीय नागरिकों की विचारधारा पर देखा जा सकता है, जिनके भीतर नैतिक आचरण की बातें जन्म से ही कूट-कूटकर भरी रहती हैं। भारतीय जनमानस की आम धारणा है कि नैतिक आचरण से ही प्रसन्नता हासिल की जा सकती है। लगभग ऐसी ही धारणा समूची दुनिया के लोगों की भी है।

आचार्य चाणक्य ने कहा है, 'धर्मस्य मूलं अर्थः।' अर्थात् धर्म का मूल अर्थ है।

जब तक मनुष्य के पास रोटी, कपड़ा और मकान जैसी बुनियादी आवश्यकताओं की पूर्ति करने के लिए मुद्रा या साधन या संशोधन नहीं होता, तब तक उसके लिए अपने कर्तव्यों का ठीक से पालन कर पाना संभव नहीं होता।

यही वजह है कि सबसे पहले नैतिक आचरण की सीख देने के बाद शासकों व मैनेजरों को आगाह किया गया है कि वे अपनी प्रजा या कर्मचारी से तब तक नैतिक आचरण की उम्मीद नहीं रख सकते, जब तक उनकी

रोटी, कपड़ा, मकान की बुनियादी जरूरतें पूरी नहीं हो जातीं। सबसे पहले इन तीन बुनियादी जरूरतों की पूर्ति होनी चाहिए।

शुरू के इन दो सूत्रों में जो संदेश दिया गया है, भारतीय संस्कृति हमेशा इसी तरह के विचार पर बल देती रही है—धन से खुशहाली को नहीं हासिल किया जा सकता। अपने किए और दूसरों के लिए सुख नैतिक आचरण के जरिए हासिल किया जा सकता है। धन या संसाधन की वजह से नैतिक आचरण कर पाना संभव होता है। 'धनंत धर्मः ततः सुखम्' की धारणा प्राचीनकाल से भारत में प्रचलित रही है।

विक्टर ह्यूगो के चर्चित उपन्यास 'ला मिजरेबल' के कथानक से ज्यादातर लोग परिचित हैं। क्या उस उपन्यास के उस गरीब बच्चे को गुनहगार के लिए दंडित किया जा सकता है?

मैनेजरों को इस बात को ध्यान में रखना चाहिए कि अगर वे निचले स्तर के कर्मचारियों से नियमों के पालन की अपेक्षा रखते हैं तो वे पहले उनकी जरूरतों का पूरी तरह खयाल रखना सीखें।

एक बात स्पष्ट है कि 'न्यूनतम जरूरतों की पूर्ति' अनिवार्य है, लेकिन केवल इससे ही किसी व्यक्ति के लिए नैतिक आचरण के मार्ग पर कदम बढ़ाना सुनिश्चित नहीं हो जाता।

इसका मतलब है कि मनुष्य को धन-संसाधन, पैसे कमाने के लिए और बाँटने के लिए तत्पर रहना चाहिए। जब संसाधन के बँटवारे में सबके हितों का ध्यान रखा जाएगा तो सबको खुशहाल बनाना भी संभव हो सकेगा।

धन का अर्जन भी नैतिक तरीके से किया जाना चाहिए। ऐसा करना भी सबकी खुशहाली का सबब बन सकता है।

कोई भी व्यक्ति अगर कुछ हासिल करना चाहता है तो उसे दो शब्दों 'शुभ' और 'लाभ' के साथ शुरुआत करनी चाहिए। 'शुभ' का अर्थ अच्छा और मंगलदायक होता है, वहीं 'लाभ' का अर्थ फायदा या मुनाफा होता है।

यह एक गौर करने लायक बात है कि भारत का निरक्षर व्यापारी भी जानता है कि सबसे पहले 'शुभ' की बारी आती है, उसके बाद 'लाभ' की बारी आती है।

आचार्य चाणक्य ने लिखा है—'अर्थस्य मूलं राज्यम्।' अर्थात् अर्थ का मूल राज्य है।

इसकी व्याख्या करते हुए हम कह सकते हैं कि संसाधनों का आधार साम्राज्य (प्रतिष्ठान) होता है।

संसाधनों को नियंत्रित किया जा सकता है। साम्राज्य अपनी मरजी से अलग-अलग उद्‌देश्यों के लिए संसाधनों का इस्तेमाल कर सकता है।

राजा किसी क्षेत्र विशेष पर शासन चलाता है; शत्रुओं, चोरों, डाकुओं से प्रजा की सुरक्षा करने के बदले कर की वसूली करता है और प्रजा को जन-सुविधाएँ भी मुहैया करवाता है। इस तरह राजा के वजूद का औचित्य भी साबित होता है।

इसी के समानांतर हम व्यावसायिक गतिविधियों, खास तौर पर औद्योगिक गतिविधियों के जरिए संपत्ति के सृजन पर विचार कर सकते हैं। विभिन्न प्रकार की फसलें पैदा करनेवाले किसान और पशुओं को पालनेवाले अतीत से आज तक संपत्ति का सृजन करते रहे हैं।

विज्ञान, प्रौद्योगिकी और इंजीनियरिंग के विकास के साथ ही बाजारवादी अर्थनीति ने वर्तमान दौर में संपत्ति का सृजन करनेवालों के बीच जबरदस्त प्रतियोगिता की स्थिति पैदा कर दी है। चाणक्य के युग में इस तरह के हालात नहीं थे।

संपत्ति का सृजन करनेवाले वर्तमान के दो प्रमुख क्षेत्र उद्योग और सेवा क्षेत्र हैं। वर्तमान समय के बड़े देशों का ढाँचा प्राचीनकाल के साम्राज्यों के समान ही है; लेकिन उन देशों में जनता के चुने गए जन प्रतिनिधियों द्वारा शासन चलाया जाता है।

अब वर्तमान युग में कृषि, उद्योग और सेवा क्षेत्र में व्यापक स्तर पर कार्य हो रहा है। इन क्षेत्रों में बड़े-बड़े प्रतिष्ठान कार्यरत हैं।

यहाँ साम्राज्य के विकल्प के रूप में 'प्रतिष्ठान' शब्द का प्रयोग करना उचित रहेगा। यह देखना भी दिलचस्प होगा कि 2,300 साल पहले शासकों को मैनेजमेंट का प्रशिक्षण देने के लिए जिन सिद्धांतों को प्रस्तुत किया गया था, क्या उनका आज के बदले हुए हालात में विस्तृत हो चुके क्षेत्रों में

सफलतापूर्वक इस्तेमाल किया जा सकता है?

अब तक हम देख चुके हैं कि मैनेजमेंट के प्रति दृष्टिकोण की संपूर्ण धारणा—अनिवार्य दर्शन और स्पष्ट विचारशीलता की प्रक्रिया मौजूदा दौर में प्रचलित मैनेजमेंट के अध्ययन से काफी अलग है।

शुरू के तीन सूत्रों में जिस तरह दार्शनिक किस्म का संदेश दिया गया है, ऐसे संदेश की प्रासंगिकता पर विचार करना आधुनिक मैनेजमेंट की पढ़ाई में जरूरी नहीं समझा गया है।

सन् 1980 के दशक से ही मैनेजमेंट के साथ नैतिक आचरण को जोड़ने का सिलसिला शुरू हो गया। सामाजिक उत्तरदायित्वों के साथ समाज को जोड़ने की अहमियत काफी दिनों के बाद महसूस की गई।

अमेरिका के कई बिजनेस स्कूलों में मैनेजमेंट की पढ़ाई के साथ व्यावसायिक नैतिकता का पाठ्यक्रम भी पढ़ाया जाता है।

वहीं भारत में गिने-चुने बिजनेस स्कूलों में ही व्यावसायिक नैतिकता के पाठ्यक्रम को शामिल किया गया है। लेकिन हमें यह भी याद रखना होगा कि भारत सहित दुनिया के बेहतरीन औद्योगिक मैनेजमेंट घरानों ने 20वीं शताब्दी के आरंभ में ही इस पहलू को अपना लिया था।

आचार्य चाणक्य लिखते हैं—'राज्य मूलं इंद्रिय जयः।' अर्थात् राज्य (प्रतिष्ठान) का आधार इंद्रियों पर विजय पाना है।

पहले बताया गया कि संसाधन का आधार प्रतिष्ठान है और उससे पहले संसाधन का आधार नैतिक आचरण को बताया गया। वहीं उस सूत्र के जरिए हमें विचार की प्रक्रिया में अप्रत्याशित बदलाव नजर आता है।

यानी पहले सार्वभौम सत्य को व्यक्त करनेवाले दार्शनिक विचार व्यक्त किए और उसके बाद हम अचानक व्यक्ति के निजी जगत् में प्रवेश कर जाते हैं। मौजूदा मैनेजमेंट के स्कूलों में हरेक वस्तु के मैनेजमेंट की विधियाँ सिखाई जाती हैं, मगर मैनेजर बनने के लिए अपने व्यक्तित्व का प्रबंधन करना नहीं सिखाया जाता।

चाणक्य ने प्राचीनकाल से भारत में प्रचलित विचार से इस सूत्र की प्रेरणा पाई थी। भारत की संस्कृति हमेशा 'आत्मनियंत्रण' का संदेश देती रही

है। जब तक आत्मनियंत्रण की विधि सीखी नहीं जाएगी, तब तक दूसरों का नियंत्रण कर पाना संभव नहीं होगा।

यह चौथा सूत्र वास्तव में तीसरे सूत्र का अनुकरण करता है, जबकि आधुनिक मैनेजमेंट शास्त्र के नजरिए से हमें यह क्रम अनपेक्षित प्रतीत हो सकता है।

शरीर के अंगों पर विजय, जिसे इंद्रिय-विजय कहते हैं, भारत की संस्कृति की चिर-परिचित धारणा है। सभी परिपक्व व्यक्तियों से यह अपेक्षा की जाती है कि वह पाँच ज्ञानेंद्रियाँ (आँख, कान, जीभ, नाक और त्वचा) तथा पाँच कर्मेंद्रियाँ (हाथ, पैर, मुँह, मूत्र मार्ग एवं गुदा) को नियंत्रित रखेगा। ऐसी अपेक्षा समाज के हर वर्ग के बालिग व्यक्तियों से की गई है।

परिपक्व व्यक्तियों से अपेक्षा की जाती है कि वह इंद्रियों के उकसाने की वजह से किसी तरह का गलत काम नहीं करेगा, न ही किसी दूसरे व्यक्ति को आहत करेगा।

मैनेजर समाज के दूसरे व्यक्तियों की तुलना में संसाधनों से अधिक लैस होता है और वह शक्तिशाली स्थिति में रहता है। वह व्यक्ति के तौर पर किसी दूसरे व्यक्ति के हित को काफी नुकसान पहुँचा सकता है और ऐसा करने पर भी वह विपरीत नतीजों से खुद को सुरक्षित रख सकता है।

अगर प्रतिष्ठान का सुचारु रूप से प्रबंधन करना है तो मैनेजर को अपने आप पर नियंत्रण रखना ही होगा। शरीर के अंगों को जीतने की बात कहते हुए मस्तिष्क के 'छह शत्रुओं' (काम, क्रोध, लोभ, मद, मोह, मत्सर) को नियंत्रित करने का उद्देश्य भी ध्यान में रखा गया है। चाणक्य ने अंत में मोह और मत्सर के स्थान पर मन (अहं) और हर्ष (विलास) का उल्लेख किया है।

सबसे पहले मैनेजर को अपने इंद्रिय पर विजय हासिल करनी पड़ेगी। वैसी स्थिति में वह संगठन के उद्देश्यों को सामने रखकर कार्य कर सकेगा। पर निजी हितों के लिए संगठन के हितों की उपेक्षा नहीं कर पाएगा।

जो परिपक्व मैनेजर होता है, वह जानता है कि संगठन के लक्ष्यों की पूर्ति होते रहने से ही उसके निजी हितों की पूर्ति भी संभव हो सकती है।

आचार्य चाणक्य ने लिखा है—'इन्द्रियजयस्य मूलं विनयः।' अर्थात्

इंद्रिय विजय का मूल विनय होता है।

व्यक्ति के अंदर इंद्रिय सुखों की प्राप्ति की लालसा तीव्रता के साथ उभरती है। तब दूसरों पर पड़नेवाले प्रतिकूल प्रभाव की चिंता नहीं होती, न ही लंबे समय में खुद को होनेवाले नुकसान के बारे में विचार किया जाता है।

जब किसी व्यक्ति के पास क्षमता होती है, उसके अंदर इंद्रिय सुख की प्राप्ति की लालसा भी तीव्र होती है। विश्व की सभी संस्कृतियों में इस सार्वभौम सत्य को स्वीकार किया गया है कि 'सत्ता मनुष्य को भ्रष्ट बना देती है।' यह धारणा प्राचीन काल से लेकर आज तक प्रचलित रही है।

दार्शनिक, कवि एवं सम्राट् भर्तृहरि ने इस बात की व्याख्या की है कि जिन लोगों को वास्तव में उचित परामर्श पर अमल करने की जरूरत होती है, वे ऐसे परामर्शों की किस तरह उपेक्षा करते हैं।

उनका कहना है कि जो ज्ञानी हैं, वे ईर्ष्या से पीड़ित हैं। जो सत्ता में हैं, वे अहंकार के वश में हैं और शेष जन बुरी तरह अज्ञान के अँधेरे में जी रहे हैं।

चाणक्य ने मैनेजमेंट का प्रशिक्षण देते हुए अपने शिष्यों से विनम्र बनने के लिए कहा। उन्होंने कहा कि शासन करने या प्रबंधन करने के लिए सत्ता हासिल करने से पहले व्यक्ति को विनयशील होना चाहिए।

सत्ता की वजह से मन में किसी तरह का अहंकार पैदा न हो सके, इसके लिए विनम्रता का होना जरूरी है। चाणक्य ने 'विनय' शब्द का प्रयोग 'नैतिकता का प्रशिक्षण' के अर्थों में किया है, जिसे हम नैतिक आचरण के साथ 'स्व-अनुशासन' कहकर भी पुकार सकते हैं।

'अर्थशास्त्र' के पहले अध्याय का शीर्षक ही 'विनय अधिकारिकम्' रखा गया है, जिसका अर्थ है 'नैतिक प्रशिक्षण की पुस्तक'। शासक, मैनेजर से अपेक्षा की जाती है कि वह दर्शनशास्त्र, वेद एवं इतिहास, अर्थशास्त्र, वित्त एवं कानून, न्याय, प्रवर्तन-प्रणाली का अध्ययन करेगा। दर्शनशास्त्र के तहत सांख्य, योग एवं लोकायत के अध्ययन पर जोर दिया गया है। दार्शनिक बुनियाद मजबूत किए बिना नैतिक सिद्धांतों पर अमल कर पाना मुमकिन नहीं हो सकता।

इसी परिप्रेक्ष्य में इंद्रिय-जय को आत्म-अनुशासन पर आधारित बताया गया है, जो नैतिक आचरण और नैतिकता के प्रशिक्षण से ही संभव हो सकता है। गलत कार्य और सही कार्य में फर्क समझने के लिए नैतिक दक्षता का होना आवश्यक है।

जब किसी कार्य के संबंध में तुरंत निर्णय लेने की घड़ी आती है, तब स्पष्ट और निश्चित जानकारी के बिना सही या नैतिक का चुनाव कर पाना आसान नहीं होता।

किसी निश्चित सामाजिक संस्कृति के तहत जो 'नैतिक रूप से सही' होता है, उसके बारे में पहले से सभी जानते हैं। किसी भी कार्य के नैतिक या अनैतिक होने का पहले से ही आकलन किया जा सकता है। नैतिक पथ का चुनाव करने के लिए चरित्र की दृढ़ता जरूरी होती है। भले ही ऐसा करते वक्त तात्कालिक रूप से कुछ इंद्रिय सुखों से वंचित होना पड़ सकता है, मगर दीर्घकालिक रूप से यह निर्णय लाभदायक साबित होता है।

जब नैतिक आचरण और नैतिक मापदंड पहले परस्पर विरोधाभासी होते हैं, तब 'सही' कदम उठाने का निर्णय लेने के लिए मजबूत चरित्र का होना आवश्यक होता है।

किसी भी शासक/मैनेजर के चरित्र का नैतिक रूप से सशक्त होना दो उद्देश्यों के लिए अनिवार्य होता है, उसे हमेशा संगठन के हित को ही प्राथमिकता देनी होगी, अपने हित को नहीं। उसे अपने प्रति संगठन में कार्य कर रहे लोगों के मन में विश्वास का भाव पैदा करना होगा।

यही वजह है कि सबसे पहले मैनेजर को स्व-अनुशासन का प्रशिक्षण प्राप्त करना होगा। चाणक्य ने इस किस्म के आत्म-अनुशासन, विनयशीलता और नैतिक आचरण के प्रशिक्षण को एक तरह के विज्ञान का दर्जा प्रदान किया है।

जब तक किसी व्यक्ति के भीतर स्वभाव सुलभ विनयशीलता नहीं होगी, वह अपने इर्द-गिर्द की घटनाओं को सही संदर्भों में देख पाने में असमर्थ होगा। अगर मन में अहंकार का भाव रहेगा तो व्यक्ति असुविधाजनक परिस्थितियों से नजरें चुराएगा या घटनाओं की मनमानी व्याख्या करेगा।

अहंकारी व्यक्ति दूसरे व्यक्तियों या समूहों की बातों को सुनना पसंद नहीं करेगा। अगर वह उनकी बातों को सुनेगा भी तो अपने पूर्वग्रह के आधार पर अर्थ निकालने की कोशिश करेगा।

अहंकारी मैनेजर केवल अपने विचारों की अहमियत को ही समझ सकता है। उसे अपना नजरिया ही सही लगता है। वह आसपास की दुनिया से अलगाव महसूस करता है। उसे दूसरों की बातें सुनने या समझने में कोई दिलचस्पी नहीं होती।

इस तरह का बरताव करने की वजह से उसके लिए हालात का ठीक से विश्लेषण कर पाना संभव नहीं होगा, न ही उसके द्वारा उठाया गया कदम प्रभावी साबित हो पाएगा। वैसी स्थिति में उसके लिए वांछित परिणाम को हासिल कर पाना मुमकिन नहीं हो सकेगा।

भारत की संस्कृति के साथ विनयशीलता गहराई के साथ जुड़ी रही है और सदियों से प्रत्येक व्यक्ति को विनम्र बनने की सीख दी जाती रही है।

जब हम अपने किसी प्रयत्न से वांछित परिणाम हासिल करते हैं तो उसे 'सफलता' कहकर पुकारते हैं। सांख्य दर्शन (लगभग ई.पू. 500) का उल्लेख 'गीता' (ई.पू. 3000) में किया गया है और बताया गया है कि कोई भी कार्य तभी किया जा सकता है, जब उसके पाँच घटक मौजूद रहें। वे हैं कार्य का आधार (अधिस्थानम्), कार्य करनेवाला (कर्ता), कार्य का साधन (कारणम्), कर्ता का प्रयास (चेष्टा) और भाग्य (दैवम्)।

इनमें से कर्ता, साधन और प्रयास जैसे घटक स्पष्ट हैं, ये ऐसे तीन घटक हैं जिनके बारे में कार्य करते समय अकसर हम सोचते हैं।

स्पष्ट रूप से पूर्वानुमान आधार का पहला घटक होता है। अगर कोई एक पत्थर को सोने में तब्दील करने की कोशिश करता है तो कर्ता के ऐसे प्रयास का कोई आधार नहीं माना जाएगा, भले ही इसके लिए जो भी साधन अपनाए जाएँ।

जो पाँचवाँ घटक भाग्य है, उसकी न तो हम अपेक्षा कर सकते हैं, न ही उसका भरोसा कर सकते हैं, क्योंकि यह कर्ता से उसका श्रेय छीनकर ले जा सकता है। यहाँ 'दैव' शब्द का प्रयोग किसी चमत्कारी अर्थ में नहीं किया

गया है, न ही कर्ता के कार्य का परिणाम इस शब्द की वजह से पहले से ही निर्धारित होता है।

यहाँ 'दैव' शब्द का प्रयोग संयोग के अर्थ में किया गया है। संयोग एक ऐसा शब्द है, जिसके साथ कई तत्त्व जुड़े हुए हैं, जिनके ऊपर कर्ता का पूरी तरह नियंत्रण नहीं हो सकता, जो किसी भी कार्य के परिणाम को प्रभावित कर सकता है।

चूँकि कर्ता परिणाम को नियंत्रित नहीं कर सकता, इसलिए वह इस बात को लेकर सुनिश्चित नहीं हो सकता कि वांछित परिणाम सामने आएगा ही। इसलिए कर्ता को कभी ऐसा महसूस नहीं करना चाहिए कि उसने अपनी क्षमता के सहारे ही वांछित परिणाम को हासिल कर लिया है, भले ही वह वांछित परिणाम हासिल करने में सफल हो जाता हो।

यही बुनियादी विनयशीलता है, जो कर्ता को सीखनी होगी और हमेशा इसको लेकर जागरूक बने रहना होगा। नहीं तो वह अपनी सभी सफलताओं का श्रेय खुद ही लेना शुरू कर देगा, वहीं असफलता के लिए दूसरे व्यक्ति या घटना को दोष देना शुरू कर देगा।

वैसी स्थिति में कर्ता की ऐसी धारणा बनती जाएगी कि उसके निजी प्रयत्नों से ही उसे सफलता मिलती रही है और वह अपनी क्षमताओं पर इतराते हुए अहंकारी बनता चला जाएगा।

सांख्य-दर्शन का समकालीन योग-दर्शन सिखाता है कि कर्ता को कार्य के परिणाम से स्वयं को मुक्त रखना चाहिए, अर्थात् उसे अपना कार्य उत्साह और लगन के साथ संपन्न करना चाहिए और इस बात की बिलकुल परवाह नहीं करनी चाहिए कि उसके प्रयत्नों से वांछित परिणाम प्राप्त होगा या नहीं।

हर तरह की मानसिक स्थिति को जैसे प्रसन्नता, दुःख, लाभ, क्षति, विजय, पराजय, सर्दी, गरमी आदि का शांतिपूर्वक सामना करना चाहिए।

इसका मतलब है कि किसी भी घटना को लेकर हम स्वाभाविक रूप से प्रतिक्रिया तो अवश्य व्यक्त करें, लेकिन वैसी प्रतिक्रिया की स्थिति में लंबे समय तक न फँसे रहें, प्रसन्नता या कष्ट की स्थितियों से जुड़े न रहें। यह गौर करने की बात है कि सांख्य और योग-दर्शन के दोनों रास्ते आत्म-

अनुशासन की सीख ही देते हैं।

इंद्रियों पर विजय हासिल करने के लिए नैतिक रूप से व्यक्ति अपने आपको किस तरह अनुशासित कर सकता है।

आचार्य चाणक्य ने लिखा है—'विनयस्य मूलं वृद्धोपसेवा।' अर्थात् विनय का मूल वृद्धों की सेवा करना है।

भारत में प्राचीनकाल से जिस प्रशिक्षण एवं अध्यापन की पद्धति का प्रयोग होता रहा है, उसके परिप्रेक्ष्य में 'वृद्ध' और 'उपसेवा' शब्दों के खास मायने हैं। जहाँ गुरु अपने शिष्यों को किसी विषय को लेकर ज्ञान और सूचना प्रदान करते रहे हैं, वहीं आचरण और व्यवहार के निश्चित तौर-तरीकों का प्रशिक्षण भी देते रहे हैं।

ऐसा करने के पीछे गुरुओं का यही उद्देश्य रहा है कि शिष्य अपने ज्ञान का समाज में सार्थक और प्रभावशाली तरीके से उपयोग कर पाएँगे।

इस तरह गुरु के द्वारा संचालित आश्रमों में शिष्यों को ज्ञान की शिक्षा प्रदान करने और दक्षताओं का प्रशिक्षण देने का काम साथ-साथ होता था। शिष्य आश्रम में रहकर केवल शिक्षा ही प्राप्त नहीं करते थे, बल्कि आश्रम के कार्यों को निपटाते थे और गुरु के परिवार की देखभाल करते थे।

चाणक्य ने विशेष रूप से इस बात पर जोर दिया है कि सच्ची विनयशीलता और उचित नैतिक आचरण के जरिए इंद्रियों पर नियंत्रण सीखने के लिए व्यक्ति को स्वयं से अधिक जानकार और अनुभवी व्यक्ति के पास जाना होगा। उसे ऐसे अनुभवी व्यक्ति की संगत में रहते हुए उसकी सेवा करनी पड़ेगी।

एक शिष्य जब अपने गुरु के प्रति श्रद्धाभाव रखते हुए, उसकी सेवा करते हुए ज्ञान प्राप्त करने की कोशिश करता है तो उसका गुरु के साथ जो अंतरंग संबंध कायम हो जाता है, वैसा संबंध किराए पर सूचना उपलब्ध करानेवाले किसी विशेषज्ञ के साथ नहीं कायम किया जा सकता।

'वृद्ध' शब्द का आशय जहाँ उम्रदराज होना है, वहीं ज्ञानी होना भी है। ऐसे व्यक्ति का दक्ष और अनुभवी होना भी है। 'उप-सेवा' का अर्थ है कि ऐसे व्यक्ति के नजदीक रहकर उसकी सेवा करना।

ज्ञान प्राप्त करनेवाले के संबंध में भर्तृहरि ने अपना नजरिया पेश करते हुए लिखा है—"जब मैंने थोड़ा-बहुत ज्ञान प्राप्त किया, तब मैं गरमी से बौराए हाथी की तरह बरताव करने लगा, मानो मैं सबकुछ जानता था। जब मैं ज्ञानी व्यक्तियों के संपर्क में आया, मुझे अचानक आभास हुआ कि मैं अज्ञानी हूँ और मेरा अज्ञान उसी तरह दूर हो गया जिस तरह औषधि का सेवन करने से ज्वर उतर जाता है।"

अनुभवी और ज्ञानी व्यक्ति के साहचर्य से ही विनयशीलता का गुण सीखा जा सकता है।

केवल सही और गलत में फर्क करना सीख लेने से ही नैतिक दृढ़ता हासिल नहीं की जा सकती। इसके लिए जहाँ वैचारिक दृढ़ता की आवश्यकता होती है, वहीं समय आने पर सही कदम उठाना भी जरूरी होता है।

समाज में जिन महापुरुषों को प्रेरणा-स्रोत समझा जाता है, उनके जीवन के प्रसंगों पर नजर डालने से सही और गलत के अंतर को आसानी से समझा जा सकता है।

चाहे जॉर्ज वाशिंगटन का सच कहने का साहस रहा हो, अश्वेतों के हक में लड़ने का मार्टिन लूथर किंग का साहस रहा हो, मंदिरों में अस्पृश्यों के प्रवेश के लिए महात्मा फुले का संघर्ष रहा हो, महात्मा गांधी की दांडी यात्रा रही हो—ये उन महापुरुषों के साहस और नैतिक दृढ़ता के ऐसे उदाहरण हैं, जिनके जरिए उन्होंने समाज को सही दिशा में आगे बढ़ने की राह दिखाई।

इसी तरह किसी शिष्य के दिलो-दिमाग में नैतिकता का समावेश करने के लिए ज्ञानी गुरु का होना आवश्यक होता है, जो अपने शिष्य के समक्ष सटीक उदाहरण पेश कर सकता है।

असल में, गुरु को ही अपने शिष्यों के लिए आदर्श प्रतिमान की भूमिका निभानी पड़ती है। ऐसा करते हुए ही शिष्यों को नैतिक आचरण की शिक्षा दी जा सकती है।

प्राचीनकाल में गुरु का एक प्रमुख दायित्व होता था कि वह शिष्यों को निष्पक्षता और न्यायप्रियता के गुण सिखाए। ऐसा करने के लिए गुरु को स्वयं नैतिक आचरण का उदाहरण शिष्यों के समक्ष प्रस्तुत करना पड़ां था। इस

प्रक्रिया में स्वाभाविक रूप से शिष्यों को कई नैतिक गुणों को सीखने का अवसर मिल जाता था।

शिष्य को अपने गुरु की पत्नी के साथ माता के समान व्यवहार करना पड़ता था और अपनी माता की तरह देवी समझकर गुरु की पत्नी का सम्मान करना पड़ता था। इस तरह की विनम्रता को अपने जीवन-व्यवहार में शामिल करते हुए शिष्य विनयशीलता सीखते थे।

विनम्रता, संपदा और प्रसन्नता के ये विचार किस तरह भारतीय संस्कृति के साथ जुड़े रहे हैं, इसे प्रदर्शित करने के लिए एक सुभाषित का उल्लेख किया जा सकता है—

'विद्या ददाति विनयं विनयं ददाति पात्रताम्।
पात्रतां धनं अपनोति धनत धर्मः ततः सुखम्।''

—अर्थात् विद्या से विनय प्राप्त होता है। विनय से पात्रता प्राप्त होती है, जिससे धन प्राप्त होता है। धन की वजह से नैतिक आचरण की प्रेरणा मिलती है और अंततः सुख की प्राप्ति होती है।

भारतीय चिंतन में इस धारणा को जिस तरह अपनाया गया है, चाणक्य ने उनको ही अपने सिद्धांतों का आधार बनाया।

आचार्य चाणक्य ने लिखा है—'वृद्धोपसेवया विज्ञानम्।'

—अर्थात् ज्ञानी की सेवा से सांसारिक ज्ञान प्राप्त किया जा सकता है।

विभिन्न विद्वानों सहित बर्ट्रेंड रसेल का मानना है कि यूनान, मिस्र, रोम और भारत में प्राचीनकाल से ही 'ज्ञान' शब्द का प्रयोग इस ब्रह्मांड में जीवन के उद्देश्यों का संधान करने के लिए किया जाता रहा है।

'ज्ञान' शब्द का दायरा महज प्रकृति को समझने तक ही सीमित नहीं रहा है, न ही इसका अर्थ प्राकृतिक परिघटनाओं की भविष्यवाणी करना रहा है। दूसरे शब्दों में कहा जा सकता है कि 'ज्ञान' शब्द का प्रयोग दार्शनिक अर्थों में किया जाता रहा है और इसे विज्ञान-सम्मत ज्ञान तक ही सीमित नहीं रखा गया है।

वहीं 'विज्ञान' शब्द जहाँ भौतिक, रासायनिक और जैविक परिघटनाओं की समझ, भविष्यवाणी और नियंत्रण के लिए प्रयुक्त होता रहा है, वहीं

मानव व्यवहार को समझने के लिए भी इसका इस्तेमाल होता रहा है।

चाणक्य ने दोनों प्रकार की परिघटनाओं को समझने के लिए 'विज्ञान' शब्द का प्रयोग किया है।

इस सांसारिक ज्ञान को हासिल करने का सही उपाय इस प्रकार बताया गया है—ज्ञानियों की संगत में रहें, उनकी सेवा करें; क्योंकि वे अपने आचरण के जरिए अपने ज्ञान को प्रदर्शित करते हैं। पहले स्वाध्याय करें, फिर गुरु से ज्ञान की प्राप्ति करें।

यहाँ जिस ज्ञान का उल्लेख किया गया है, वह स्वाभाविक रूप से किसी राज्य के प्रशासन का ज्ञान है। इनके तहत राजस्व और करों की वसूली, कानून-व्यवस्था, विधि का उल्लंघन करनेवालों को दंड और राज्य का प्रशासन सुचारु रूप से चलाने के लिए शासन तंत्र की स्थापना का ज्ञान शामिल है।

ज्ञान के इस स्वरूप के तहत गणित, रसायन, नागरिक एवं यांत्रिक अभियांत्रिकी, आदि विषयों को शामिल नहीं किया गया है। संभवत: ज्ञान की इन शाखाओं के लिए राज्य के संरक्षण की आवश्यकता महसूस की गई थी।

इस सूत्र में 'विज्ञान' शब्द की परिभाषा की पड़ताल चाणक्य के ग्रंथ 'अर्थशास्त्र' में की जा सकती है, जहाँ उन्होंने देश के शासन के संबंध में इस तरह के कई पहलुओं पर विचार किया है।

उन्होंने जिस तरह सूत्रों का क्रम तैयार किया है, उसी तरह ग्रंथ में भी अपनी इस क्रमबद्धता को कायम रखा है।

प्रशिक्षण विषयक पहली पुस्तक 'विनय अधिकारिक्रम्' में कौटिल्य ने ('अर्थशास्त्र' में चाणक्य ने खुद को इसी नाम से पुकारा है) बताया है कि मैनेजर को चार विद्याओं में पारंगत होना चाहिए—आनुवीक्षिकी, वेद, वार्त्ता और दंड नीति। यह सांख्य, योग और लोकायत दर्शन का सम्मिश्रण है। तीन वेद हैं, जो वर्ण और आश्रम के कर्तव्य निर्धारित करते हैं, साथ ही इतिहास वेद (इतिहास) भी है। अर्थशास्त्र, कानून और विधि प्रवर्तन इसमें शामिल हैं।

इसमें या अन्य सूत्रों में चाणक्य ने 'विद्या' शब्द का इस्तेमाल नहीं

किया है। इसके स्थान पर उन्होंने 'विज्ञान' शब्द का प्रयोग किया है। इसके जरिए उन्होंने सांसारिक ज्ञान को समझने की कोशिश की है।

इन सूत्रों के वर्तमान संदर्भ में प्रयोग करते हुए हम 'विज्ञान' शब्द को इस तरह परिभाषित कर सकते हैं—"धन का सृजन करने के लिए अच्छी तरह प्रशिक्षित व्यक्तियों के प्रबंधन के जरिए एक प्रतिष्ठान का प्रबंधन करने का ज्ञान।"

एक कामयाब सीनियर मैनेजर के मार्गदर्शन में मैनेजमेंट के क्षेत्र में प्रगति करते हुए उत्कृष्टता हासिल करने का विचार अपरिचित नहीं है। आज के दौर में भी रोजमर्रा के जीवन में मार्गदर्शन के इस तरीके का इस्तेमाल किया जाता है।

थॉमस पीटर्स और रॉबर्ट वाल्टरमैन ने अपनी पुस्तक 'सर्च फॉर एक्सीलेंस' में बताया है कि जिस संगठन में आप कार्य करते हैं, उस संगठन में अगर कोई व्यक्ति आपका मार्गदर्शक हो तो आप मैनेजमेंट के मामले में बेहतरीन प्रदर्शन कर सकते हैं।

मार्गदर्शक केवल अपने अनुभवों पर आधारित सिद्धांतों को प्रदर्शित ही नहीं करता, बल्कि संगठन का प्रदर्शन सुधारने के लिए सही समय पर उपयोगी परामर्श भी देता है।

मार्गदर्शक ऐसे जटिल क्षेत्रों या विषयों में राय देता है, जिनको समझने में कठिनाई होती है। इस तरह कठिन कार्यों का निष्पादन सफलतापूर्वक कर पाना संभव होता है।

आचार्य चाणक्य कहते हैं—'विज्ञानेन आत्मानं सम्पादयेत्।'

—अर्थात् स्वयं को सांसारिक ज्ञान से पूरी तरह लैस कर लेना चाहिए।

यहाँ पहली बार शिष्यों को गुरु की तरफ से एक निर्देश दिया गया है। इससे पहले आरंभिक सात सूत्रों के जरिए विद्यार्थियों का परिचय प्रमुख सिद्धांतों के साथ करवाया गया। फिर शिष्यों से स्पष्ट रूप से कहा गया कि उन्हें मार्गदर्शक से सांसारिक ज्ञान प्राप्त करने के लिए विशेष प्रयत्न करना होगा और यही उनके हित में होगा।

आरंभिक सूत्रों में जिस सिद्धांत के बारे में बताया गया कि ज्ञानी की

सेवा करते हुए ज्ञान प्राप्त करना चाहिए, इसके लिए शिष्यों को आगे बढ़कर पहल करनी ही पड़ेगी। यह गुरु का दायित्व नहीं है कि वह अपने ज्ञान का निचोड़ स्वयं आगे बढ़कर शिष्यों के सामने परोस दे। ज्ञान प्राप्त करने की जिम्मेदारी पूरी तरह शिष्यों की होती है।

शिष्य के इस गुण की तरफ गौर करने की जरूरत है कि उसके भीतर ज्ञान प्राप्त करने की लालसा होनी चाहिए और उसे एक ऐसे सच्चे मार्गदर्शक के पास जाना चाहिए, जो पेशेवर रूप से उसकी प्रगति में मददगार बन सके।

स्वाभाविक रूप से यहाँ गुरु अध्यापन के लिए उतना जरूरतमंद नहीं होता (उदाहरण के तौर पर, अपनी आजीविका अर्जित करने के लिए) जितना जरूरतमंद शिष्य होता है, क्योंकि उसे ज्ञान प्राप्त करना होता है।

यह एक समझी हुई बात है कि विनम्रता मैनेजमेंट शिक्षा के साथ अनिवार्य रूप से जुड़ी रहती है।

'संपद' क्रिया केवल सांसारिक ज्ञान के अर्थ को ही उजागर नहीं करती, बल्कि स्वयं को संपन्न बनाने का अर्थ भी व्यक्त करती है। जब कोई व्यक्ति सांसारिक ज्ञान प्राप्त कर लेता है तो वह किसी भी दायित्व का सफलतापूर्वक पालन कर पाने में समर्थ हो जाता है।

आचार्य चाणक्य ने लिखा है—'सम्पादित्मा जितात्मा भवति।'

—अर्थात् जब कोई व्यक्ति ज्ञान प्राप्त कर लेता है तो उसके लिए स्वयं पर विजय प्राप्त करना भी संभव हो जाता है।

जैसा कि चौथे सूत्र में बताया गया कि इंद्रिय विजय के आधार पर ही प्रतिष्ठान का निर्माण किया जा सकता है, यह व्यक्ति के तौर पर मैनेजर के व्यक्तित्व में सुधार का पहला संकेत था। यह नौवाँ सूत्र उस सिद्धांत को संपूर्णता प्रदान करता है कि जब कोई व्यक्ति ज्ञान प्राप्त कर लेता है तो उसके लिए स्वयं पर विजय प्राप्त करना भी संभव हो जाता है।

इस तरह का व्यक्ति ही 'छह शत्रुओं' पर विजय पाने में समर्थ हो सकता है, जो शत्रु अनियंत्रण की स्थिति में बुद्धि और युक्ति को विकृत कर सकते हैं।

चाणक्य ने शिष्यों पर किसी तरह का दबाव डालने की जरूरत महसूस

नहीं की। जिन छात्रों ने विनम्रतापूर्वक गुरु की सेवा करते हुए सांसारिक ज्ञान को प्राप्त किया था, ऐसे शिष्यों से चाणक्य पूरी तरह आत्म-नियंत्रण करने के लिए नहीं कहते; क्योंकि वे जानते थे कि जो मैनेजर इस प्रक्रिया से ज्ञान की प्राप्ति करेंगे, वे अपने आप ही स्वयं पर विजय प्राप्त करने में भी सफल होंगे।

इस गुण की जरूरत सी.ई.ओ. जैसे पदों पर आसीन व्यक्तियों को अधिक हो सकती है, क्योंकि सी.ई.ओ. प्रतिष्ठान में ऐसी हैसियत रखता है कि वह अपने नेतृत्व की क्षमता से प्रतिष्ठान को शीर्ष पर ले जा सकता है या रसातल में पहुँचा सकता है।

किसी भी पेशेवर मैनेजर के लिए आत्म-नियंत्रण कई कारणों से जरूरी है। सबसे पहले उसे अपने प्रतिष्ठान के लिए दीर्घकालिक हितों को ध्यान में रखते हुए अविचलित होकर काम करना जरूरी होता है। अल्पकालिक फायदे को लेकर कई तरह के प्रलोभन सामने आ सकते हैं, जब आत्मसंयम नहीं रख पाने पर प्रतिष्ठान के दीर्घकालिक हित प्रभावित हो सकते हैं।

दूसरी बात, सी.ई.ओ. को व्यक्तिगत स्वार्थ को हमेशा प्रतिष्ठान के स्वार्थ से अलग रखना पड़ता है। अपने आप पर नियंत्रण के बिना उसके लिए ऐसा कर पाना संभव नहीं हो सकता।

अगर सी.ई.ओ. अपने आप पर नियंत्रण नहीं रखेगा तो केवल निजी हितों की पूर्ति के लिए काम करना शुरू कर देगा। वह प्रतिष्ठान के धन और संसाधन का दुरुपयोग करना शुरू कर देगा।

तीसरी बात, सी.ई.ओ. को यह सुनिश्चित करना पड़ता है कि संगठन के दीर्घकालिक हितों को निर्धारित करने के लिए किए जानेवाले फैसले कर्मचारियों, अधिकारियों और राजनेताओं के दबाव के चलते प्रभावित न हो पाएँ।

जो व्यक्ति सक्षम है, सांसारिक ज्ञानों से युक्त व विनयशील है और जो इस बात को लेकर जागरूक है कि वांछित परिणाम के लिए केवल वही कर्ता नहीं है, वह अपने आप पर नियंत्रण रख पाने में सफल हो सकता है। चाणक्य का मानना है कि ऐसे सक्षम व्यक्ति आत्म-नियंत्रण की कला सीख सकते हैं।

□

चाणक्य और आधुनिक मैनेजमेंट

कर्मचारी

प्रसंग : चाणक्य को कौटिल्य और विष्णुगुप्त के नाम से भी जाना जाता है। उन्होंने प्राचीन भारतीय राजनीतिक संहिता की पुस्तक 'अर्थशास्त्र' की रचना की। चाणक्य के जीवन से जुड़े कई प्रसंग प्रसिद्ध हैं।

उनमें से एक प्रसंग यह है कि जब सिकंदर ने ई.पू. 326 में पश्चिमी भारत पर हमला कर दिया, तब देश को संकट में पाकर तक्षशिला के आचार्य चाणक्य ने सिकंदर का मुकाबला करने के लिए सैन्य गठबंधन तैयार करने का फैसला किया।

चाणक्य ने भारत के कई राजाओं के सामने इस तरह के गठबंधन का निर्माण करने का प्रस्ताव रखा, मगर कोई इसके लिए तैयार नहीं हुआ। आखिरकार वह मगध की राजधानी पाटलिपुत्र पहुँचे, जहाँ शक्तिशाली नंद वंश का शासन चल रहा था।

चाणक्य महल में पहुँचे, जहाँ उन्होने सोने से निर्मित दस सिंहासनों को देखा। नौ सिंहासन नंद वंश के युवराजों और सम्राट् के लिए थे, वहीं एक सिंहासन सबसे अधिक ज्ञानी व्यक्ति के लिए था। चाणक्य उसी सिंहासन पर बैठ गए।

जब युवराज आए तो उन्होंने चाणक्य से उठ जाने के लिए कहा। चाणक्य सिंहासन से नहीं उठे और अपनी विद्वत्ता सिद्ध करने के लिए शास्त्रार्थ करने की चुनौती दी। नंद राजकुमारों ने उनकी माँग ठुकरा दी और उन्हें बैठने नहीं दिया।

सबक : भले ही चाणक्य तक्षशिला में प्रसिद्ध और प्रतिष्ठित थे, मगर

इसका अर्थ यह नहीं था कि पाटलिपुत्र में भी वह उतने ही प्रसिद्ध और प्रतिष्ठित थे। उन्होंने शास्त्रार्थ की चुनौती इसीलिए दी, ताकि अपनी योग्यता को सिद्ध कर सकें। इसी तरह किसी एक उत्पाद के निर्माण, विपणन और मार्केटिंग आदि के विशेषज्ञ किसी मैनेजर को नए माहौल में जाकर समान रूप से अहमियत हासिल करने के लिए अपनी दक्षता को सिद्ध करना जरूरी होता है।

मैनेजर या लीडर के लिए जरूरी अर्हताएँ

प्रसंग : चाणक्य ने सिंहासन से उठने से इनकार कर दिया और नंद राजकुमारों ने उन्हें जबरन घसीटकर उठाया। इस खींचतान में चाणक्य की शिखा खुल गई। उसी समय उन्होंने कसम खाई कि नंद वंश को नष्ट करने के बाद ही वह अपनी शिखा को दोबारा बाँधेंगे। नंद राजकुमार और नरेश चाणक्य को मृत्युदंड देना चाहते थे, मगर एक मंत्री ने उन्हें माफ करने के लिए राजी कर लिया।

मगध से बाहर निकलकर चाणक्य की भेंट चंद्रगुप्त से हुई। चाणक्य और चंद्रगुप्त की पहली मुलाकात को लेकर कई कहानियाँ प्रचलित हैं, मगर एक बात स्पष्ट है कि चाणक्य ने चंद्रगुप्त के व्यक्तित्व में निहित प्रतिभा को पहचान लिया था। उन्होंने चंद्रगुप्त को प्रशिक्षण दिया, क्योंकि वह चंद्रगुप्त को सम्राट् बनाना चाहते थे, जो ग्रीक आक्रमण से भारत की रक्षा कर सकता था।

सबक : किसी भी मैनेजर या लीडर के लिए निर्भीकता, संयम और धैर्य अनिवार्य गुण हैं। इन गुणों की सहायता से दीर्घकालिक लक्ष्यों को निर्धारित करने तथा सुविचारित योजना के आधार पर उन लक्ष्यों को पूरा करने में सहायता मिलती है। मैनेजर या लीडर में एक और खूबी होनी चाहिए कि वे प्रतिभाशाली व्यक्तियों की पहचान करें और उन्हें बड़ी चुनौतियों के लिए प्रशिक्षित करें।

नियुक्ति के नियम

प्रसंग : चाणक्य नंद वंश पर नजर रखने के लिए सबसे पहले महल में एक गुप्तचर को तैनात करना चाहते थे। वह जीवसिद्धि नामक एक व्यक्ति

को जानते थे, जो बुद्धिमान था और इस कार्य के लिए उपयुक्त था। चाणक्य ने जीवसिद्धि को महल के कुछ रहस्यों के बारे में बताया, जो उन्हें चंद्रगुप्त ने अपने पिता के अनुभवों के आधार पर बताया था।

उन्होंने जीवसिद्धि को महल में भेज दिया। जीवसिद्धि ने नंद के सामने महल के रहस्यों का वर्णन कर विश्वास दिला दिया कि उसके पास अलौकिक योग्यताएँ थीं। नंद परिवार के सदस्य उस पर भरोसा करने लगे और कोई भी महत्त्वपूर्ण निर्णय लेने से पहले उसकी सलाह लेने लगे। धीरे-धीरे वह शासक वर्ग का अभिन्न अंग बन गया।

सबक : किसी भी कर्मचारी को नियुक्त करने से पहले उसकी पृष्ठभूमि की जाँच करनी चाहिए। खास तौर पर वरिष्ठ पदों पर किसी को नियुक्त करने से पहले उसके अतीत के बारे में अच्छी तरह पड़ताल करनी चाहिए।

कंपनी में ऊँचे स्तर पर निविदा, सौदा, बौद्धिक संपदा और अन्य गोपनीय तथ्यों की सुरक्षा जरूरी होती है। कई कंपनियाँ नियुक्ति के समय गोपनीयता संबंधी अनुबंध करती हैं और अपने मैनेजरों को प्रतिद्वंद्वी कंपनियों में कुछ वर्षों तक नौकरी करने से रोकने के लिए अनुबंध की शर्तों को इस्तेमाल करती हैं।

मैनेजमेंट में परिवर्तन

प्रसंग : चंद्रगुप्त मगध की जनता की सहायता करने लगा था। उसकी लोकप्रियता बढ़ती जा रही थी। नंद परिवार को खतरा महसूस होने लगा था। नंद साम्राज्य का अमात्य राक्षस काफी बुद्धिमान था। उसने नंद को सुझाव दिया कि वे चंद्रगुप्त की हत्या करवा दें।

जीवसिद्धि को इस योजना की जानकारी मिल गई और उसने चंद्रगुप्त को भागकर जान बचाने में मदद की।

चाणक्य ने चंद्रगुप्त को मगध की सत्ता हासिल करने के लिए प्रेरित किया। चंद्रगुप्त ने लोगों को एकत्रित करते हुए मौर्य सेना का गठन किया। सेना में शामिल होनेवाले ज्यादातर लोग नंद साम्राज्य के अत्याचार से दुःखी और क्षुब्ध थे।

चाणक्य और चंद्रगुप्त ने युद्ध का ऐलान कर दिया, ताकि मगध की सेना को युद्ध के मैदान में मौर्य सेना का मुकाबला करने के लिए मगध की सीमा से बाहर कूच करना पड़े। उन्होंने जान-बूझकर ऐसे युद्धक्षेत्र का चुनाव किया, जहाँ से मगध की दूरी अधिक हो और मगध सेना को मगध से दूर किया जा सके। इसी दौरान मगध में गृह-युद्ध छिड़ गया और चाणक्य ने जनता को चंद्रगुप्त का समर्थन करने के लिए प्रेरित किया। इस तरह बिना लड़े ही नंद साम्राज्य का पतन हो गया।

सबक : किसी भी कंपनी का नए मैनेजमेंट के हाथ में शांतिपूर्ण हस्तांतरण करना बेहतर होता है, क्योंकि कलह में जुटने से कंपनी कमजोर हो सकती है। एक कमजोर और बिखरी हुई कंपनी की तुलना में एक स्थिर कंपनी के लिए नई ऊँचाइयों तक पहुँचना अधिक आसान हो सकता है। मौर्य साम्राज्य को तेजी से बुलंदियों तक पहुँचने में केवल नेतृत्व के कारण ही सफलता नहीं मिली थी, बल्कि शांतिपूर्ण सत्ता हस्तांतरण भी उसकी अहम वजह रही थी।

कर्मचारी की महत्ता

प्रसंग : चंद्रगुप्त मौर्य के सामने एक सक्षम और शक्तिशाली शासन तंत्र को विकसित करने की चुनौती थी। चंद्रगुप्त ने अमात्य राक्षस को हमलों के बचाव संबंधी अनुभव को बाँटने और अपने पद पर बने रहने के लिए राजी कर लिया। चंद्रगुप्त ने राक्षस की प्रशासनिक दक्षता का लाभ उठाया। दूसरी तरफ, चाणक्य ने अपने लिए मार्गदर्शक की भूमिका चुनी।

सबक : योग्य मैनेजर को कारगर तरीके से प्रदर्शन करते हुए और वांछित परिणाम हासिल करते हुए अपनी उपयोगिता सिद्ध करनी पड़ती है। दक्ष व्यक्तियों की हमेशा माँग बनी रहती है। जब कंपनी का हस्तांतरण होता है, उस समय ऐसे दक्ष व्यक्तियों की अहमियत और भी बढ़ जाती है। उनके ज्ञान और अनुभव का लाभ उठाकर नई बुलंदियों का स्पर्श किया जा सकता है। ऐसे व्यक्तियों को उनके पदों पर बहाल रखा जाना चाहिए।

श्रेष्ठ प्रदर्शनकर्ता के साथ कार्य करते समय मैनेजरों को किसी तरह के पूर्वग्रह से मुक्त रहना चाहिए। भले ही उन्होंने पहले वर्तमान प्रबंधन के

प्रतिद्वंद्वियों के साथ काम किया हो, मगर उन्हें अपने वर्तमान नियोक्ता के प्रति वफादार होना चाहिए।

जो श्रेष्ठ प्रदर्शनकर्ता होते हैं, वे महान् उद्‌देश्यों एवं लक्ष्यों के प्रति आकर्षित होते हैं और वे कठिन चुनौतियों का सामना करने के लिए तत्पर रहते हैं।

टीम लीडरशिप

प्रसंग : चंद्रगुप्त को प्रशिक्षण देते समय चाणक्य उसके भोजन में विष का थोड़ा अंश मिला देते थे, ताकि भविष्य में चंद्रगुप्त का शरीर विष के प्रभाव से सुरक्षित रह सके। उनका मानना था कि अगर भविष्य में चंद्रगुप्त की जान लेने के लिए शत्रु की तरफ से विष का उपयोग किया जाएगा तो पहले से ही विष का आदी हो चुका उसका शरीर विष के प्रभाव से मुक्त रह सकेगा।

एक दिन चंद्रगुप्त की पत्नी दुर्धरा ने उसका भोजन ग्रहण कर लिया और जहर के प्रभाव से उसकी मौत हो गई।

उस समय रानी गर्भवती थी। चाणक्य ने गर्भ से संतान को बाहर निकाल लिया। विष की एक बूँद गर्भ में चली गई, इसलिए चाणक्य ने शिशु का नाम 'बिंदुसार' रख दिया।

बाद में बिंदुसार महान् सम्राट् बना और उसका पुत्र अशोक महानतम सम्राट् कहलाया।

बिंदुसार के दरबार में चाणक्य का एक राजनीतिक प्रतिद्वंद्वी सुबंधु था, जो चाणक्य को बिंदुसार की नजरों में गिराने का मौका ढूँढ़ता रहता था। उसने बिंदुसार को बताया कि चाणक्य ने उसकी माँ की हत्या कर दी थी। लेकिन सबसे अहम सवाल यह है कि मौर्य सम्राट् ने सुबंधु को अपने दरबार में क्यों जगह दे रखी थी, जबकि चाणक्य के प्रति उसकी शत्रुता जग-जाहिर थी?

सबक : किसी स्वस्थ संगठन में वैचारिक भिन्नता और मतभेद का होना स्वाभाविक बात है। संगठन में ऐसे दक्ष लोगों की जरूरत होती है, जो बेहतर परिणाम ला सकें और जो टीम भावना के साथ काम करते हुए आपस में कार्यों का उचित तरीके से बँटवारा कर सकें। दबाव की स्थिति में लोग

अकसर बेहतर प्रदर्शन करते हैं।

लेकिन प्रतियोगिता के माहौल का ठीक से प्रबंधन करना जरूरी है, नहीं तो कड़वाहट पैदा हो सकती है। अगर टीम के रूप में काम करना नामुमकिन हो जाता है तो लीडर को क्षमता के हिसाब से भूमिकाओं की पहचान करनी चाहिए और टकराव को टालने का उपाय करना चाहिए। श्रेष्ठ प्रदर्शनकर्ताओं की टीम साथ हो तो बेहतर नतीजे हासिल किए जा सकते हैं।

संगठन में रिश्तों की अहमियत

प्रसंग : बिंदुसार को जब पता चला तो उसे चाणक्य पर क्रोध आ गया। चाणक्य को सम्राट् की नाराजगी की जानकारी मिली तो उन्होंने अपनी सारी संपत्ति का दान कर दिया और नगर के बाहर जाकर एक कुटिया में उपवास करने लगे। जब बिंदुसार को सच्चाई की जानकारी मिली तो वह शर्मिंदा हुआ। उसने सुबंधु को चाणक्य के पास माफी माँगने के लिए भेजा। सुबंधु ने साजिश रचकर, चाणक्य की कुटिया में आग लगाकर उनकी हत्या कर दी।

सबक : यहाँ अहम सबक यह है कि मौर्य शासक ने पूरी बात समझे बगैर अपने विश्वस्त सहयोगी पर संदेह किया। सम्राट् के अविश्वास के चलते चाणक्य जैसे असाधारण सहयोगी की जान चली गई। मैनेजरों को परिपक्वता का प्रदर्शन करना चाहिए और कर्मचारियों के साथ भरोसे का रिश्ता कायम करना चाहिए। विश्वास का रिश्ता बनाने में लंबा समय लगता है, मगर इसे तोड़ने में ज्यादा समय नहीं लगता।

□

प्रबंधन के गुर

आचार्य चाणक्य ने लिखा है—'आपत्सु स्नेह संयुक्तं मित्रम्।'

—अर्थात् सच्चा मित्र वही होता है, जो मुसीबत में भी आपका साथ नहीं छोड़ता।

चाणक्य विपत्ति के समय साथ देनेवाले को ही सच्चा मित्र मानते हैं। वे इस बात से सहमत नजर नहीं आते कि मित्रता केवल समान चरित्रवाले या समान संकट से घिरे या समान कठिनाइयों से जूझ रहे व्यक्तियों के बीच ही हो सकती है। (समान शीलत्यसनेषु सख्यम्)।

चाणक्य इस सूत्र के माध्यम से संकट की घड़ियों में मित्रों के बीच लगाव या साख पर जोर देते प्रतीत होते हैं। यहाँ किसी दक्षता या ज्ञान की तरफ अलग से इशारा नहीं किया गया है।

मैनेजर को सावधानीपूर्वक मित्रता की इस परिभाषा का अध्ययन करना चाहिए। अकसर लोग अपने स्वार्थ की पूर्ति करने के लिए मित्रता का ढोंग रचाते हैं, लेकिन जैसे ही मित्र संकट में घिर जाता है, वे पीछे की तरफ खिसक जाते हैं।

आचार्य चाणक्य ने लिखा है—'मित्र संग्रहणे बलं संपाद्यते।'

—अर्थात् मित्रों का संग्रह करने से शक्ति बढ़ती है।

चाणक्य बताना चाहते हैं कि जब किसी व्यक्ति के पास बड़ी संख्या में सच्चे मित्र होते हैं तो स्वाभाविक रूप से वह ताकतवर बन जाता है।

आचार्य चाणक्य लिखते हैं—'बलवान् अलब्धलाभे प्राप्यते।'

—अर्थात् जो व्यक्ति शक्तिशाली होता है, वह सबकुछ अपने बलबूते ही हासिल कर लेता है।

शक्तिशाली व्यक्ति ही मनचाही वस्तु को प्राप्त करने के लिए प्रयत्न कर सकता है। वहीं कमजोर व्यक्ति के लिए उसकी चाही गई वस्तुएँ हमेशा उसकी हैसियत से बाहर ही रहेंगी। इस तरह कमजोर व्यक्ति वांछित वस्तु को पाने के लिए किसी तरह का उद्यम करना भी जरूरी नहीं समझेगा।

चाणक्य के नजरिए से देखें कि शक्तिशाली व्यक्ति अगर एक मैनेजर है तो वह कुछ खास गुणों का अधिकारी होगा। वे गुण हैं—(1) इंद्रियों पर विजय पाना, (2) विनयशील होना, (3) सांसारिक ज्ञान रखना, (4) आत्म-नियंत्रण रखना, (5) सहायक का चयन करना, (6) परामर्शक का चयन करना, (7) नीतियों का ज्ञान रखना, (8) मित्रों के समूह का गठन करना।

आचार्य चाणक्य लिखते हैं—'अलस्थलाभः न अलसस्य।'

—अर्थात् आलसी व्यक्ति वांछित वस्तुएँ प्राप्त नहीं कर सकता।

आलसी के लिए किसी भी वस्तु को हासिल कर पाना मुमकिन नहीं होता, क्योंकि वह किसी तरह का प्रयत्न नहीं करता। इस तरह का कथन कहने की जरूरत क्यों महसूस की गई? जो लोग अपने किसी अहम कार्य को पूरा करना चाहते हैं, उन्हें अनवरत प्रयास जारी रखना होगा। महज थोड़े समय तक प्रयत्न करने से किसी कार्य को पूरा किया जा सकता है।

इस तरह अनवरत कार्य करने के लिए ऊर्जा की आवश्यकता होती है। छोटी सफलताओं से संतुष्ट होकर, हाथ-पर-हाथ धरकर बैठ जाने की भी जरूरत नहीं है, न ही कठिन चुनौती को सामने पाकर कार्य को रोक देने की जरूरत है। इस तरह का पुरुषार्थ करना आसान नहीं है।

जब किसी मैनेजर को कार्य-निष्पादन के लिए सुविधाजनक माहौल प्राप्त होता है, तब वह अपने दायित्वों के प्रति लापरवाह हो सकता है। यह भी एक किस्म की अकर्मण्यता ही कहलाएगी।

यही वजह है कि चाणक्य ने पुरुषार्थ के महत्त्व पर जोर देते हुए संदेश दिया है कि अगर आप वांछित परिणाम हासिल करना चाहते हैं तो अकर्मण्यता से बचिए।

इस तरह का वांछित परिणाम कौन हासिल कर सकता है? यह ऐसा आर्थिक वर्ग होगा, जिसके भद्रजनों के पास सीखने के लिए पर्याप्त समय

उपलब्ध हो। उस वर्ग के लिए रोजमर्रा के जीवन की जरूरतों की पूर्ति के लिए उपार्जन करना कोई समस्या नहीं है। इस तरह के संपन्न वर्ग के सदस्य भी कठोर मेहनत करने से जी चुरा सकते हैं।

ऐसे लोगों को अल्प अवधि में अकर्मण्यता प्रभावित नहीं करती। लेकिन यह ध्यान देने की बात है कि आलस्य की वजह से उन्हें कुछ भी अर्जित करने में कठिनाई का सामना करना होगा।

आचार्य चाणक्य लिखते हैं—'अलस्स्य लब्धं अपि रक्षितुं न शक्यते।'

—अर्थात् आलसी व्यक्ति अपने पास संचित धन की भी रक्षा नहीं कर सकता।

अगर कोई व्यक्ति अपनी जीविका अर्जित करने के लिए प्रयत्न नहीं करता, श्रम नहीं करता और अकर्मण्य बना रहता है, वह अपने पास संचित धन को भी आखिरकार गँवा बैठता है।

कई बार व्यक्ति कुछ पाने के लिए जी-जान से प्रयत्न करता है। फिर जब वह चीज उसे मिल जाती है तो वह निश्‍चिंत होकर बैठ जाता है। प्राप्ति के बाद संतुष्ट होना मनुष्य का स्वभाव है; मगर यह नाकामी की तरफ भी ले जाती है।

जब कोई व्यक्ति प्रचुर धन अर्जित कर लेता है, तब वह इस बात का खयाल रखता है कि उसका मूल धन खर्च न हो और केवल ब्याज से ही उसका निर्वाह हो, अर्जित धन की सुरक्षा होती रहे और कोई उसे चुरा न सके।

मैनेजर ने अपने प्रयत्नों से जो लाभ अर्जित किया हो या उसके पूर्ववर्तियों ने जो लाभ अर्जित किया हो, उसका संरक्षण करने के लिए अनवरत प्रयत्न करना और जागरूक रहना आवश्यक होता है।

जो लोग आलसी स्वभाव के होते हैं, वे मुनाफे को सुरक्षित बचाए रखने में भी सफल नहीं हो पाते, न ही स्वयं अर्जित करने में उन्हें कामयाबी मिल पाती है।

आचार्य चाणक्य ने लिखा है—'न च अलसस्य रक्षितं विवर्धते।'

—अर्थात् आलसी व्यक्ति के मुनाफे में वृद्धि नहीं हो पाती।

आलसी स्वभाव के व्यक्ति के पास अगर पर्याप्त धन हो तो वह उसी से

संतुष्ट हो जाता है। वह अपने धन में बढ़ोतरी करने या अधिक मुनाफा अर्जित करने के लिए प्रयत्न करने की जरूरत महसूस नहीं करता।

जब तक धन में वृद्धि करने के लिए प्रयत्न को जारी नहीं रखा जाता, तब तक पहले से अर्जित और सुरक्षित धन को बचाकर रखा जा सकता है।

यथास्थिति बनाए रखना एक लक्ष्य या उद्देश्य के तौर पर अच्छा लग सकता है, मगर परिस्थितियों में अनवरत बदलाव होता रहता है। यही वजह है कि जब यथास्थिति बनाए रखने की कोशिश की जाती है तो घाटे की स्थिति का ही सामना करना पड़ता है।

आचार्य चाणक्य लिखते हैं—'न भृत्यान् प्रेषयति।'

—अर्थात् आलसी व्यक्ति कर्मचारी (सेवक) की नियुक्ति भी नहीं करता।

आलसी व्यक्ति किसी तरह का उत्साह महसूस नहीं करता या वह किसी तरह का उद्यम करने की प्रेरणा अपने अंदर महसूस नहीं करता।

अगर हम ऐसा सोचते हैं कि आलसी व्यक्ति अपना कार्य दूसरों के माध्यम से करवाना चाहता है तो ऐसा सोचना भी ठीक नहीं है। आलसी व्यक्ति भाग्य के भरोसे बैठे रहना पसंद करता है। वह सोचता है कि दूसरे लोग उसका काम कर देंगे।

दूसरे लोग ऐसा काम करना पसंद करते हैं, जो उनके हित में होता है। दूसरी तरफ, एक मैनेजर का दायित्व होता है कि वह अपने मातहतों से संगठन के निर्धारित लक्ष्य के लिए काम करवाए।

निर्धारित लक्ष्य तक पहुँचने के लिए मैनेजर पहले कर्मचारियों का आकलन करता है, फिर निश्चित समय में कार्य-निष्पादन करने के लिए वह प्रत्येक व्यक्ति को जिम्मेदारी सौंपता है। वह परिणाम के आधार पर प्रत्येक कर्मचारी के प्रदर्शन की समीक्षा करता है।

इस तरह की जिम्मेदारियों को उठाने के लिए काफी मेहनत करने की जरूरत होती है। कोई आलसी व्यक्ति इस तरह की जिम्मेदारी नहीं उठा सकता। वैसी स्थिति में आलसी व्यक्ति की प्रगति कैसे संभव हो सकती है?

□

चाणक्य और मार्केटिंग रणनीतियाँ

आचार्य चाणक्य ने लिखा है—'दूसरों की गलतियों से सीखो; क्योंकि तुम्हें इतना लंबा जीवन नहीं मिला है कि सारी गलतियों को आजमाकर देख सको।'

आप दूसरों की गलतियों से सबक सीख सकते हैं और दूसरे आपकी गलतियों से सबक सीख सकते हैं। उदाहरण के तौर पर, जब निरमा कंपनी ने सौंदर्य साबुन बाजार में उतारने की गलती की तो यह दूसरे कई ब्रांडों के लिए एक सबक साबित हुई। इसीलिए मार्केट रिसर्च के साथ किसी मार्केटिंग रणनीति को कार्यान्वित करने से पहले मैनेजर को हाल के दिनों में दूसरी कंपनियों द्वारा किए गए प्रयत्नों की पड़ताल करनी चाहिए और उनकी गलतियों से सबक लेकर अपनी रणनीतियों को दोष-रहित बनाना चाहिए।

आचार्य चाणक्य ने लिखा है—'किसी भी व्यक्ति को बहुत अधिक ईमानदार (सीधा-सादा) नहीं होना चाहिए। सीधे पेड़ों और ईमानदार व्यक्तियों को पहले काटा जाता है।'

हम सभी जानते हैं कि ईमानदारी की राह पर चलनेवाले कई ब्रांडों की मार्केटिंग रणनीतियाँ कारगर साबित नहीं हो पातीं। वहीं जो ब्रांड अधिक ईमानदारी नहीं अपनाते, वे अपना काम किसी भी रूप में पूरा कर लेते हैं।

यह सच है कि किसी भी उत्पाद को प्रचारित करने के लिए झूठ और छल का सहारा लिया जाना उचित नहीं है, लेकिन जरूरत से ज्यादा ईमानदारी बरतना भी नुकसानदेह साबित हो सकता है।

उदाहरण के तौर पर, हम प्रसिद्ध पान मसाला ब्रांड का उल्लेख कर सकते हैं, जो अपने प्रचार के दौरान उत्पाद में मिश्रित पदार्थों और साइड

इफेक्ट के बारे में कुछ नहीं बताता। लेकिन हम इस ब्रांड पर लोगों को गुमराह करने का आरोप भी नहीं लगा सकते, क्योंकि इसके पैकेट पर वैधानिक चेतावनी लिखी रहती है।

अगर कोई ब्रांड या कंपनी ईमानदारी का प्रदर्शन करते हुए अपने उत्पाद के दुष्प्रभाव या खामियों के बारे में खुलकर बताना शुरू कर देगी तो ग्राहक उसकी ईमानदारी की सराहना करने की जगह उस उत्पाद का उपयोग करना बंद कर देंगे।

आचार्य चाणक्य ने लिखा है—'भले ही कोई साँप जहरीला नहीं है, मगर उसे जहरीला दिखना चाहिए।'

मार्केट में नया-नया कदम रखनेवाला शुरू में एक दंतहीन विषहीन साँप की तरह होता है। उसका कोई मार्केट शेयर नहीं होता, मार्केट के बारे में कोई जानकारी नहीं होती और प्रतिस्पर्धा में पीछे छूट जाने का खतरा बना रहता है।

ऐसे मामले में ऐसे विषहीन साँप को जहरीला नहीं होते हुए भी जहरीला दिखने की कोशिश करनी चाहिए। अगर वह ऐसा नहीं करेगा तो अपने प्रतिद्वंद्वियों के हाथों बेमौत मारा जाएगा।

उसे मार्केट शेयर तैयार करने के लिए मेहनत करनी चाहिए और ब्रांड नेम के लिए जगह बनानी चाहिए। उसे जहाँ जरूरत से ज्यादा बेचैनी प्रदर्शित नहीं करनी चाहिए, वहीं अपनी क्षमताओं का भी ज्ञान होना चाहिए।

आचार्य चाणक्य ने लिखा है—'अपना राज किसी से मत बताओ, नहीं तो यह तुम्हें नष्ट कर देगा।'

किसी भी व्यवसाय को सबसे ज्यादा खतरा प्रतिद्वंद्वियों से होता है। कठिन प्रतियोगिता की वजह से विभिन्न कंपनियाँ अपनी सुरक्षा के लिए कई उपाय करती हैं। सुरक्षा के कदम के रूप में ट्रेडमार्क, पेटेंट और कॉपीराइट का सहारा लिया जाता है। चाणक्य की नसीहत के ये सशक्त उदाहरण कहे जा सकते हैं।

आज के युग में नए-नए विचारों की खोज पर बहुत बल दिया जाता है। इसी के साथ कंपनियाँ गोपनीयता बरतने के लिए कई उपाय करती हैं।

जब आप अपने राज को दूसरों से छिपाकर रख सकते हैं तो लंबे समय तक फायदा उठाते रह सकते हैं।

आचार्य चाणक्य ने लिखा है—'जैसे ही भय तुम्हारे करीब आए, उस पर टूट पड़ो और उसे नष्ट कर दो।'

किसी भी कंपनी को मार्केट शेयर गँवाने या कार्यबल से हाथ धो बैठने का खतरा हो सकता है। अगर किसी कंपनी को अपनी प्रतिद्वंद्वी कंपनी द्वारा अपनाई गई नई मार्केटिंग रणनीति से मार्केट शेयर गँवाने का खतरा महसूस हो रहा है तो उसे सही समय की राह देखने की जगह प्रतिद्वंद्वी की रणनीति को आरंभिक दौर में ही नाकाम बनाने के लिए तुरंत अपनी रणनीति का प्रयोग करना चाहिए।

आचार्य चाणक्य ने लिखा है—'जिस तरह कीचड़ में पड़े सोना को उठाकर धो लिया जाता है, उसी तरह नीच कुल में जनमे व्यक्ति से भी ज्ञान प्राप्त किया जा सकता है।'

भारत जैसे अनोखे बाजार के लिए कोई भी चीज बहुत छोटी या बहुत बड़ी नहीं कही जा सकती। शहरी क्षेत्र के साथ-साथ ग्रामीण क्षेत्र भी किसी उत्पाद की माँग को प्रभावित कर सकता है। इसलिए प्रत्येक क्षेत्र की पड़ताल बगैर किसी पूर्वग्रह को अपनाए करना चाहिए।

बाजार का हर हिस्सा जानकारियों से भरपूर हो सकता है और उन जानकारियों के आधार पर कारोबार का विस्तार किया जा सकता है।

□

आवश्यक है नैतिकता

आचार्य चाणक्य ने लिखा है—'धर्मेण धार्यते लोकः।'

—अर्थात् संसार का पालन धर्म (नैतिकता) के द्वारा होता है।

'धर्म' का मूल अर्थ है—'जो धारण करता है।' इसके संबंध में 'महाभारत' में कहा गया है—'न राज्यं न च राजा अपि न दण्डो न च दाण्डिकाः। धर्मेण इव प्रजाः सर्वाः रक्षन्ति हि परस्परम्।'

—अर्थात् 'न तो राज्य के द्वारा, न ही राजा के द्वारा, न कानून के द्वारा, न ही सुरक्षा बलों के द्वारा, बल्कि केवल नैतिकता के द्वारा सभी जन एक-दूसरे की रक्षा सुनिश्चित करते हैं।

यह सच है कि एक सभ्य समाज का गठन इसीलिए संभव हो पाया है कि हमें एक-दूसरे की रक्षा करने की सीख देते हुए बताया गया है कि 'हमें दूसरों के साथ वैसा ही व्यवहार करना चाहिए, जैसा हम अपने साथ दूसरों से अपेक्षा करते हैं।

इसी परिप्रेक्ष्य में आचार्य चाणक्य ने अपने सूत्र के जरिए संदेश दिया है कि कर्मचारियों और समाज के दूसरे व्यक्तियों का सदाचार सुनिश्चित करने के लिए (राजा) सी.ई.ओ. को नैतिकता का पालन करना चाहिए।

जब नैतिक मापदंडों के विपरीत कोई आचरण किया जाता है तो उसे आवश्यक उपायों से, जिनमें बल-प्रयोग भी शामिल है, नियंत्रित करना आवश्यक है।

आचार्य चाणक्य ने लिखा है—'दया धर्मस्य जन्मभूमिः।'

—अर्थात् दया नैतिकता की जन्मभूमि होती है।

अगर कोई दूसरा व्यक्ति किसी तरह का गलत या अनैतिक कार्य किए

बगैर संकट में फँस गया हो या प्रतिकूल परिस्थितियों का सामना कर रहा हो तो उसके प्रति लोगों के मन में अपने आप दया का भाव उस तरह उमड़कर सामने नहीं आ पाता, जिस तरह आना चाहिए।

असल में, मनुष्य का स्वार्थ उसे अधिकतर समय आत्मकेंद्रित ही बनाकर रखता है। उसे समाज के अन्य विपदाग्रस्त लोगों की तकलीफों से कोई लेना-देना नहीं होता।

लेकिन सही मायने में सभ्य समाज वह होता है, जहाँ लोगों के मन में संकट-ग्रस्त या जरूरतमंद लोगों के प्रति दया का भाव होता है।

जब हम दूसरों के प्रति हमदर्दी जताना सीख जाते हैं तो हम वैसे माहौल को बदलने की दिशा में कदम उठाना शुरू कर देते हैं, जिस माहौल की वजह से बहुत सारे लोगों को अभाव का सामना करना पड़ता है।

जब व्यक्ति नैतिक आचरण करता है, तब वह अपनी अनुभूतियों के समान ही दूसरों की अनुभूतियों का सम्मान करना सीख जाता है। वैसी स्थिति में वह दूसरों के साथ हमदर्दी का बरताव करने लगता है।

इसी बात को ध्यान में रखकर आचार्य चाणक्य ने दया को नैतिकता की जन्मभूमि बताया है। सहानुभूति की उपजाऊ जमीन में ही नैतिक आचरण के बीज सही मायने में पल्लवित-पुष्पित हो सकते हैं।

आचार्य चाणक्य ने लिखा है—'धर्म मूले सत्यदाने।'

—अर्थात् 'सत्य और दान की जड़ नैतिकता है।'

सत्यवादिता या सच्चे आचरण को हम एक आदर्श आचरण क्यों मानते हैं? क्यों इन गुणों का बचपन से ही पोषण किया जाता है और जीवन भर सच की राह पर चलने की सीख दी जाती है?

जब कोई गलत तरीके अपनाकर या सत्य के प्रतिकूल आचरण करते हुए किसी तरह का लाभ प्राप्त करता है तो उसे अनैतिक आचरण माना जाता है। सच्चे व्यक्ति से गलत आचरण की अपेक्षा नहीं की जाती।

इस तरह सत्य की जड़ नैतिकता में होती है।

दान का अर्थ व्यापक होता है, जिसमें वृत्तिदान अर्थात् कार्य के बदले भुगतान को भी गिना जाता है। कार्य के बदले उचित पारिश्रमिक का भुगतान

करना नैतिक आचरण कहलाता है।

आचार्य चाणक्य ने लिखा है—'धर्मेण जपति लोकान्।'

—अर्थात नैतिकता के जरिए लोगों को जीता जा सकता है।

लीडर, सी.ई.ओ. और दूसरे मैनेजरों को अपने अनुगामियों, सहकर्मियों एवं कर्मचारियों का विश्वास जीतना होता है। जब इस तरह का भरोसा जीता जाता है, तभी कार्य-योजनाओं को अच्छी तरह समझा जाता है और लक्ष्य हासिल करने के लिए सही तरीके से ऐसी योजनाओं को कार्यान्वित किया जाता है।

लोगों का दिल जीतने के लिए, अपने मातहतों का भरोसा हासिल करने के लिए और समाज का समर्थन हासिल करने के लिए नैतिक व्यवहार करना जरूरी होता है। '80 के दशक के बाद जिस तरह कॉरपोरेट प्रशासन के नए विचार सामने आए हैं, उनमें नैतिक आचार-संहिता पर जो विशेष जोर दिया गया है, वह इसी विचार की अभिव्यक्ति कही जा सकती है।

बाजारवादी अर्थव्यवस्था में सभी प्रतिष्ठानों की विश्वसनीयता का सिक्का तभी स्थापित हो सकता है, जब नैतिकता को प्रोत्साहन दिया जाए।

आचार्य चाणक्य ने लिखा है—'आत्मविनाशं सूचयति अधर्म बुद्धिः।'

—अर्थात् जो व्यक्ति अनैतिकता का सहारा लेता है, उसका आत्म-विध्वंस निश्चित है।

व्यक्ति के अंदर अनैतिक हथकंडे अपनाने या अनैतिक तरीके से काम करने का प्रलोभन प्रबल होता है, क्योंकि सच के रास्ते पर मिलनेवाले लाभ की तुलना में अनैतिक रास्ते पर चलकर अधिक लाभ अर्जित किया जा सकता है।

इस तरह का लाभ महज रुपए-पैसे या धन से संबंधित ही नहीं होता, यह किसी भी रूप में इच्छाओं की पूर्ति भी हो सकती है। अल्पकालिक रूप से इच्छा की तात्कालिक पूर्ति अगर अनैतिक साधन अपनाकर भी हो जाती है तो व्यक्ति असीम आनंद महसूस कर सकता है।

लेकिन इस तरह के अनैतिक व्यवहार का परिणाम जब सामने आता है, तब व्यक्ति को अपनी गलती का एहसास होने लगता है। इस तरह के

दुष्परिणाम दीर्घकालिक रूप में व्यक्ति को प्रभावित कर सकते हैं और इनके अलग-अलग पहलू हो सकते हैं।

जो व्यक्ति के कार्य से पीड़ित होते हैं, वे बदला ले सकते हैं। वर्षों से जो विश्वास का रिश्ता कायम होता है, वह टूट सकता है और उस व्यक्ति की देख-रेख में किसी कार्य का निष्पादन करना कठिन हो सकता है और उसे अकसर असफलता का सामना करना पड़ सकता है। वैसी स्थिति में संगठन के उसके विरोधी उसे उसके पद से हटाने के लिए आसानी से दबाव बना सकते हैं।

इस तरह के सारे परिणाम ऐसे मैनेजर के पतन की वजह बन सकते हैं, जो अनैतिक आचरण का सहारा लेते हैं।

अपने खास अंदाज में आचार्य चाणक्य ने बताया है कि जो व्यक्ति अनैतिकता का सहारा लेता है, उसका पतन निश्चित रूप से होता है।

आचार्य चाणक्य ने लिखा है—'न अस्ति अहंकार समः शत्रुः।'

—अर्थात् अहंकार के समान शत्रु दूसरा नहीं होता। जो लोग ऊँचे ओहदे पर आसीन होते हैं, उनके मन में अकसर अनैतिक आचरण करने का प्रलोभन पैदा हो सकता है और पैदा होता भी है। लेकिन जो श्रेष्ठ मैनेजर होते हैं, वे इस तरह के प्रलोभन को किसी भी सूरत में अपने ऊपर हावी नहीं होने देते।

श्रेष्ठ मैनेजर अनैतिक आचरण के खयाल को आरंभ में ही नियंत्रित कर लेते हैं और युक्तिसंगत ढंग से सोचते हुए नैतिकता की राह पर चलते रहते हैं।

जो अहंकारी मैनेजर होते हैं, उन्हें अपनी क्षमता और दबदबे पर ज्यादा भरोसा होता है। उन्हें लगता है कि वे आसानी से अपने अनैतिक आचरण को भी छिपा सकते हैं। वे दूसरों की क्षमता पर बिलकुल विश्वास नहीं करते। ऐसे मैनेजर अहंकार के चलते अनैतिक हथकंडे अपनाना शुरू कर देते हैं। इस तरह का अहंकार वास्तव में मैनेजर के लिए आत्मघाती साबित होता है।

आदर्श मैनेजर के लिए सहानुभूतिपूर्ण होना जरूरी होता है। वैसी स्थिति में वह दूसरों की बातें आग्रहपूर्वक सुनता है और दूसरों की उपयोगी सलाह को स्वीकार भी करता है।

वहीं अहंकारी मैनेजर का बरताव अलग किस्म का होता है। वह दूसरों के उपयोगी सुझावों को भी नजरअंदाज कर देता है। उसका अहं खुद उसके लिए नुकासानदेह साबित होता है और इस तरह उसे नाकामी का सामना करना पड़ता है।

आचार्य चाणक्य ने लिखा है—'दुर्दर्शना: हि राजान: प्रजा नाशयन्ति।'

—अर्थात् अनैतिक राजा की प्रजा का नाश हो जाता है।

स्वाभाविक रूप से चाणक्य ने यहाँ मैनेजर (राजा) के बाहरी व्यक्तित्व की चर्चा नहीं की है। 'दुर्दर्शना' का अर्थ यहाँ बदसूरत या भयावह दिखना नहीं है। यहाँ 'दर्शना' का प्रासंगिक अर्थ इस प्रकार है—परीक्षण, पर्यवेक्षण, निर्णय, बुद्धिमत्ता, युक्ति, नैतिक बल और उद्देश्य।

अगर सी.ई.ओ. के व्यक्तित्व में इस तरह की खूबियाँ नहीं होंगी तो संगठन का चल पाना संभव नहीं होगा, खास तौर पर दीर्घकालिक रूप से संगठन को मजबूत कर पाना संभव नहीं होगा। इस तरह संगठन में जुड़े तमाम लोगों को खामियाजा भुगतना पड़ेगा। सबसे अधिक कठिनाइयों का सामना कर्मचारियों को करना पड़ेगा।

जो मैनेजर अहंकारी और अनैतिक होते हैं, वे अपनी बुद्धिमत्ता का प्रयोग संगठन के हित में करने की जगह निजी हितों की पूर्ति के लिए करना शुरू कर देते हैं।

आचार्य चाणक्य ने लिखा है—'सुदर्शना: राजान: प्रजा रक्षन्ति।'

—अर्थात् नैतिक मैनेजर अपने कर्मचारियों की सुरक्षा सुनिश्चित करते हैं।

यहाँ इसके पूर्ववर्ती सूत्र के विपरीत बात कही गई है। जो सी.ई.ओ. नैतिक रूप से सटीक निर्णय लेते हैं, उनके किसी कदम से कर्मचारियों या संगठन को किसी तरह के नुकसान का सामना नहीं करना पड़ता। वैसी स्थिति में वे कर्मचारियों के सर्वांगीण विकास का मार्ग प्रशस्त करते हैं।

इस सूत्र के जरिए सी.ई.ओ. के सकारात्मक और सक्रिय पहलू पर जोर दिया गया है। वह जहाँ बेहतर कार्य के अवसर प्रदान करता है, वहीं कार्य को सुचारु रूप से संपन्न करने के लिए अनुकूल वातावरण का निर्माण भी

करता है। वह पारितोषिक देने या दंड देने की संतुलित नीति को क्रियान्वित करता है।

आचार्य चाणक्य लिखते हैं—'न्याययुक्त राजानं मातरं मन्यते प्रजा।'

—अर्थात् एक न्यायप्रिय सी.ई.ओ. (राजा) को कर्मचारी (प्रजा) अपनी माता के समकक्ष समझते हैं। जो नैतिक और न्यायप्रिय सी.ई.ओ. होता है, वह पारदर्शी और न्यायपूर्ण बरताव के जरिए कर्मचारियों को संगठन के लक्ष्यों को पूरा करने के लिए प्रेरित करता है और इस तरह बेहतर धन सृजन को सुनिश्चित करता है।

लंबे समय तक कार्य करते हुए जब उसकी छवि एक ऐसे न्यायप्रिय व्यक्ति के रूप में कायम होती है, जो किसी तरह का पक्षपात किए बगैर प्रशासन कायम करता है तो सभी जननी की तरह उसका आदर करने लगते हैं।

यहाँ जननी की छवि ममतामयी जननी की छवि है, जो दिल से अपनी संतान की भलाई चाहती है। भले ही बीच-बीच में वह अनुशासन के लिए सख्ती भी बरतती है, लेकिन जो हमेशा अपनी संतान को दिल से प्यार करती है।

भारतीय, प्राच्य सांस्कृतिक परिप्रेक्ष्य में सी.ई.ओ. की तुलना जननी से करते हुए उसे ऊँचा दर्जा प्रदान किया गया है।

□

मानवीय रिश्तों की कसौटी

आचार्य चाणक्य ने लिखा है—'न अस्ति चीरोः कार्यचिन्ता।' —अर्थात् भीरु व्यक्ति को कार्य संपन्न करने की चिंता नहीं होती है।

मैनेजर को अपने मौजूदा कार्य का प्रबंधन करने के बारे में सोचना चाहिए, साथ ही उसे भविष्य के कदमों की रूपरेखा भी तैयार करनी चाहिए। उसे हमेशा अपने कार्य के प्रति प्रतिबद्ध रहना चाहिए, क्योंकि कार्य को सफलतापूर्वक पूरा करते हुए ही वह संपत्ति के सृजन के लक्ष्य में अपना योगदान कर सकता है।

लेकिन जिस मैनेजर को अपने ऊपर भरोसा नहीं है, जिसकी सोच स्पष्ट नहीं है, वह सही समय पर सटीक निर्णय नहीं ले सकता। इसके परिणामस्वरूप वह निर्णय लेने से बचने लगता है और डरपोक बन जाता है। उसे किसी भी तरह की जिम्मेदारी का काम हाथ में लेते हुए घबराहट होने लगती है।

इस तरह की भीरुता का मतलब है कि वह अपने कार्य को लेकर गंभीर नहीं है। वह एक मैनेजर के रूप में अपनी भूमिका को सही तरीके से निभाने के लिए तैयार नहीं है।

इस सूत्र का एक अन्य अर्थ यह भी है कि जो मैनेजर अपने कार्य के प्रति उदासीन हो जाता है, वह भीरुता का परिचय देने लगता है। कोई भी मैनेजर अपनी छवि डरपोक के रूप में बनाना पसंद नहीं करेगा। संदेश यह दिया गया है कि 'कार्य करते हुए हिचकिचाना नहीं चाहिए।'

आचार्य चाणक्य ने लिखा है—'स्वामिनः शीलं ज्ञात्वा कार्यार्थी कार्यं साधयेत्।'

—अर्थात् बॉस के चरित्र को समझने के बाद वर्क मैनेजर को अपना कार्य उसी के अनुरूप पूरा करना चाहिए।

ज्यादातर मैनेजरों का एक बॉस, एक उच्चाधिकारी होता है, जिसके पास विशाल संगठन के विस्तृत संचालन क्षेत्र में निर्णय लेने की अधिक शक्तियाँ होती हैं। इसलिए प्रत्येक मैनेजर को अपने कार्य के लिए जहाँ बॉस का सहयोग सुनिश्चित करना चाहिए, वहीं उसे यह भी सुनिश्चित करना चाहिए कि कार्य को सफल अंजाम तक पहुँचाने की राह में बॉस रुकावट साबित हो सके।

बॉस की जैसी हैसियत होती है, वह किसी भी कार्य को कामयाब या नाकाम बनाने में निर्णायक भूमिका निभा सकता है। बॉस के अनुकूल या प्रतिकूल रुख से कार्य की प्रगति प्रभावित हो सकती है।

यही वजह है कि प्रत्येक मैनेजर को अपने बॉस के साथ बेहतर तालमेल कायम करना जरूरी होता है।

कार्य शुरू करने से पहले सारी तैयारियाँ अच्छी तरह कर लेने के बावजूद कार्य की सफलता इस बात पर निर्भर करेगी कि कार्य करने की विधि को बॉस भी स्वीकार योग्य मानता है।

लेकिन कार्य-प्रणाली, कर्मचारी मैनेजमेंट और संसाधन की उपलब्धता के संबंध में प्रत्येक बॉस का अपना अलग नजरिया होता है। एक मनुष्य के रूप में उसके व्यक्तित्व की अपनी विशेषताएँ होती हैं, जिन्हें समझना चाहिए और जिनका उपयोग किया जाना चाहिए। बॉस के व्यक्तित्व की आलोचना करने से बचना चाहिए।

कुछ बॉस सबकुछ समझा देने के बाद कार्य को पूरी तरह मैनेजर के हवाले कर देना पसंद करते हैं। वहीं कुछ बॉस संक्षिप्त मार्गदर्शन देते हुए कनिष्ठों से खुद ही सोचने और दोबारा मार्गदर्शन लेने की अपेक्षा रखते हैं।

इसी तरह कुछ बॉस कार्य का श्रेय सार्वजनिक रूप से जूनियर मैनेजरों को देना पसंद करते हैं। वहीं कुछ बॉस मैनेजरों से अपेक्षा रखते हैं कि वे विशेष रूप से कार्य की सफलता का श्रेय प्रदान करें।

कुछ बॉस मार्गदर्शन माँगने पर काफी प्रसन्न होते हैं। वहीं कुछ बॉस

मार्गदर्शन माँगने पर अपने मातहतों की योग्यता पर संदेह करने लगते हैं।

कुछ बॉस पूछते हैं, "यह बताओ कि लक्ष्य तक पहुँचने के लिए तुम्हें और क्या चाहिए?" और अगर उन्हें तर्कसंगत प्रतीत होता है तो जरूरी सहायता भी मुहैया करवाते हैं। कुछ बॉस शुरू में सहायता करने से इनकार कर सकते हैं, मगर बाद में आवश्यक संसाधन मुहैया करवाने के लिए तैयार हो जाते हैं।

कुछ बॉस बातूनी स्वभाव के होते हैं तो कुछ काफी नाप-तौलकर बोलना पसंद करते हैं। कुछ बॉस मूडी होते हैं और बात-बात पर क्रोधित हो जाते हैं; मगर अधिक समय तक मातहतों के प्रति उनकी नाराजगी कायम नहीं रहती। वहीं कुछ बॉस शांत और स्थिर होते हुए भी प्रतिशोध की भावना से काम कर सकते हैं। यह सूची और भी लंबी हो सकती है। चाणक्य ने सलाह दी है कि प्रशिक्षु मैनेजरों को अपना कार्य सफलतापूर्वक पूरा करने के लिए अपने बॉस को रजामंद करना चाहिए।

आचार्य चाणक्य ने लिखा है—'धेनो: शीलज्ञ: हि क्षीरं भुङ्क्ते।'

—अर्थात् जो गाय के स्वभाव को जानता है, वही उसके दूध का आनंद उठा सकता है।

चाणक्य ने बॉस को रजामंद करने की सलाह को स्पष्ट करने के लिए तुरंत इस उदाहरण का सहारा लिया है। लेकिन सबसे महत्त्वपूर्ण बात यह है कि वह यहाँ प्रदर्शित करना चाहते हैं कि अग्रणी भूमिका मैनेजर की होती है, बॉस की नहीं। बॉस के साथ रिश्ते को निभाने के लिए बॉस को पहल करने की जरूरत नहीं होती, बल्कि इसके लिए मैनेजर को स्वयं पहल करने की जरूरत होती है।

जो भी हो, बॉस के साथ काम करना यानी बॉस के लिए नहीं, बल्कि संगठन के लिए एक प्रक्रिया है, महज एक दिन का मामला नहीं है।

यह जरूरी है कि इस रिश्ते में दोनों ही पक्षों को यानी बॉस और मैनेजर को लाभान्वित होने का एहसास हो। केवल एक पक्ष को लाभान्वित करने से यह रिश्ता दीर्घजीवी साबित नहीं हो पाएगा।

गाय के दूध के उदाहरण के जरिए इस परामर्श को स्पष्ट किया गया है।

अगर कोई दूध पीने की तमन्ना रखता है, यानी कार्य में सफलता हासिल करना चाहता है तो उसे गाय के स्वभाव को यानी बॉस को अच्छी तरह समझना पड़ेगा।

आचार्य चाणक्य ने लिखा है—'क्षुद्रे गुह्यप्रकाशनं आत्मवान् न कुर्यात्।'

—अर्थात् अपने मातहतों के सामने मैनेजर को गोपनीय सूचनाओं को प्रकट नहीं करना चाहिए।

चाणक्य कार्य करने के संबंध में कई परामर्श देते हुए कुछ मामलों में आगाह करते हुए भी नजर आते हैं। उनका कहना है कि कार्य का सफलतापूर्वक प्रबंधन करने कि लिए मैनेजर को फुरसत की घड़ी में मौजूद मातहतों के साथ सूचनाओं को बाँटना नहीं चाहिए।

अकसर कमजोर या असुरक्षित किस्म का मैनेजर ऐसे कर्मचारियों के साथ कार्य में संबंधित महत्त्वपूर्ण सूचनाओं को बाँटता है, जिनका ऐसे कार्य से कोई लेना-देना नहीं होता।

एक आदर्श मैनेजर से इस तरह के व्यवहार की अपेक्षा नहीं की जा सकती, क्योंकि उसे अपने ऊपर नियंत्रण रखना आता है, यानी जो जितेंद्रिय होता है।

गोपनीय सूचनाओं को इस तरह उजागर करने का दुष्परिणाम कई रूपों में सामने आ सकता है। महत्त्वपूर्ण सूचनाएँ अगर गलत व्यक्ति के पास पहुँच जाती हैं तो कार्य को पूरा करना मुश्किल हो सकता है।

चाणक्य कहना चाहते हैं कि मैनेजर आत्म-नियंत्रण के जरिए भावी उलझनों से अपने आपको बचा सकते हैं।

गोपनीयता का दूसरा पहलू मैनेजर के निजी जीवन से जुड़ा होता है, जिसमें कार्य से संबंधित उसके निजी विचार भी शामिल होते हैं। अपने ऐसे विचारों की चर्चा भी दूसरों के सामने नहीं करनी चाहिए।

आचार्य चाणक्य ने लिखा है—'आश्रितैः अपि अवमन्यते मृदु स्वभावः।'

—अर्थात् मृदु स्वभाववाले व्यक्ति की अवहेलना उसके कनिष्ठ लोग भी करते हैं।

'अवमन' क्रिया का यहाँ कई अर्थों में प्रयोग किया गया है—उपेक्षा

करना, अवहेलना करना, निंदा करना, गंभीरता से नहीं लेना। 'आश्रित' शब्द का अर्थ है—निर्भर रहनेवाले लोग, जिसे आज के संदर्भ में हम कर्मचारी के अर्थ में समझ सकते हैं। मृदु का अर्थ—मधुर, उदार, दयालु, दुर्बल, कमजोर, मंथर आदि होता है। ये सारे अर्थ यहाँ प्रयुक्त होते हैं।

इस सूत्र के जरिए बताया गया है कि मैनेजर के कमजोर या मृदु होने से किस तरह के दुष्परिणाम सामने आ सकते हैं। उसके आदेश या निर्देश या परामर्श को अनसुना किया जा सकता है और उपेक्षा की जा सकती है।

इस तरह के मृदु स्वभाववाले मैनेजर के लिए कार्य को सफलतापूर्वक अंजाम तक पहुँचाना मुमकिन नहीं हो सकता। उसके मातहत उसकी बातों को मानने से इनकार कर सकते हैं।

मैनेजरों को इस सूत्र के जरिए परामर्श देने की कोशिश की गई है—'मृदु मत बनिए। जब कार्य पूरा करवाना हो तो दृढ़ता का परिचय दीजिए।'

आचार्य चाणक्य ने लिखा है—'तीक्ष्णदण्डः सर्वैः उद्वेजनीयः भवति।'

—अर्थात् 'कठोर दंड देनेवाले से सभी घृणा करने लगते हैं।'

सख्त रुख अपनाने का अर्थ यह नहीं है कि सभी कर्मचारियों के लिए संगठन की तरफ से निर्धारित आचार-संहिता का उल्लंघन करने या निर्देश का ठीक से पालन नहीं करने पर बेरहमी के साथ दंड दिया जाए।

यहाँ 'दंड' का उल्लेख वैधानिक अर्थों में नहीं किया गया है, बल्कि यहाँ इसका आशय है कि अनुशासन और आज्ञा-पालन सुनिश्चित करने के लिए मैनेजर कनिष्ठों को किस तरह दंडित कर सकता है।

जैसा कि हम सभी जानते हैं, ऐसा दंड कई तरह का हो सकता है—मौखिक फटकार से लेकर नौकरी से बरखास्तगी तक।

चाणक्य मानते हैं कि हमेशा सख्ती का बरताव करनेवाले से सभी लोग घृणा करने लगते हैं।

जरूरत से ज्यादा सख्ती दिखानेवाले मैनेजर के प्रति कर्मचारियों के मन में नापसंदगी का भाव पैदा हो सकता है।

अगर हम इस सूत्र के शब्दों को सावधानीपूर्वक परखते हैं तो स्पष्ट होता है कि सख्ती बरतनेवाले मैनेजर से सबके सब नफरत नहीं करेंगे, न ही

सभी उससे डरना शुरू कर देंगे। घृणा व भय का संचार करनेवाले व्यवहार को देखकर भी समान विचारवाले लोग उसकी सराहना कर सकते हैं।

वहीं, केवल पीड़ित व्यक्ति ही नहीं, बल्कि दूसरे कनिष्ठ कर्मचारी भी ऐसे मैनेजर से दूरी बना सकते हैं या जरूरत से ज्यादा सख्त सजा देते हुए देखकर चिंतित हो सकते हैं। नफरत करनेवालों में सहकर्मी और उच्चाधिकारी भी शामिल हो सकते हैं, क्योंकि उन्हें ऐसा लग सकता है कि सख्ती बरतने की वजह से प्रबंधन और कर्मचारियों के बीच दूरियाँ बढ़ सकती हैं।

इस तरह का व्यवहार करने से आगे चलकर कर्मचारियों के मन में असंतोष का भाव पैदा हो सकता है और वे बगावत करने पर उतारू हो सकते हैं।

आचार्य चाणक्य ने लिखा है—'यथाहेदण्डकारी स्यात्।'

—अर्थात् दोष के अनुसार दंड दिया जाना चाहिए।

न्याय-प्रणाली में पारदर्शिता होनी चाहिए, दंड की प्रक्रिया में पारदर्शिता होनी चाहिए और इस तरह की न्यायप्रियता को लेकर लोगों के बीच सर्वसम्मति होनी चाहिए।

स्वाभाविक रूप से हमें यह भी समझना होगा कि समय और स्थान के आधार पर इस तरह की न्यायप्रियता के मायने भी बदलते रहते हैं। इसका निर्धारण लोगों की अपनी संस्कृति के आधार पर होता है, जो न्याय और सजा को तय करते हैं। 17वीं शताब्दी के भारत में बलात्कार के आरोपी का हाथ काटना सटीक दंड हो सकता है, मगर 21वीं सदी में इसे अनुचित माना जाएगा।

विभिन्न तरह की गलतियों के लिए ज्यादातर मैनेजरों को अनुशासनात्मक काररवाई करनी पड़ती है। जैसे ही सजा का निर्धारण होता है, उसको लेकर विरोध शुरू हो सकता है कि वह दोष की तुलना में अधिक सख्त है।

लेकिन जब न्यायप्रियता का पालन किया जाता है, सजा देते हुए पारदर्शिता अपनाई जाती है और दोष के अनुपात में सजा दी जाती है तो सभी इस बात से सहमत हो जाते हैं कि वह दोष की तुलना में अधिक सख्त है।

लेकिन जब न्यायप्रियता का पालन किया जाता है, सजा देते हुए पारदर्शिता अपनाई जाती है और दोष के अनुपात में सजा दी जाती है तो सभी इस बात

से सहमत हो जाते हैं कि संगठन के पक्ष में इस तरह की सजा जरूरी है।

ऐसे भी उदाहरण सामने आते रहे हैं कि बड़ी चूक करनेवाले किसी कर्मचारी को जब सजा के तौर पर नौकरी से बरखास्त कर दिया गया, तब श्रमिक यूनियनों ने ऐसे निर्णय का विरोध नहीं किया।

मैनेजर को जरूरत से ज्यादा कठोर सजा देने के परिणाम को समझना चाहिए और सुनिश्चित करना चाहिए कि दोष के अनुसार ही सजा का निर्धारण हो।

□

चरित्र बल को पहचानिए

आचार्य चाणक्य ने लिखा है—'ऋजुस्वभाव परः जनेषु दुर्लभः।'
—अर्थात् सच्चे स्वभाव के लोग कम ही मिलते हैं।

स्पष्टवादी, ईमानदार और निष्ठावान् लोग बहुत मुश्किल से मिल पाते हैं। कर्मचारियों के बीच अपवाद-स्वरूप ही ऐसे व्यक्ति मिल पाते हैं, जो निरंतर अपने दायित्व का पालन निष्ठापूर्वक करते रहते हैं और जो निजी तौर पर या समूह के स्तर पर किसी तरह की राजनीति नहीं करते।

चाणक्य के इस कथन का निहितार्थ क्या है? चाणक्य यह संदेश देना चाहते हैं कि आपको जब इस तरह का व्यक्ति मिल जाए तो उसे उचित मान्यता और सम्मान दें, भले ही वह शालीनता के साथ अपने गुणों को छिपाने की कोशिश करे।

ऐसे व्यक्तियों को आसानी से नजरअंदाज कर दिया जाता है, मगर समय गुजरने के साथ ही दूसरे लोग ऐसे व्यक्ति का गलत तरीके से इस्तेमाल भी कर सकते हैं। दूसरी वजह और भी अधिक अहमियत रखती है। मैनेजर को जहाँ उसके साथ समानता का बरताव करना चाहिए, वहीं दूसरों पर भरोसा करने के मामले में उसे किसी तरह का भेदभाव नहीं बरतना चाहिए।

मैनेजर को अपने सहकर्मियों और मातहतों के साथ व्यवहार में एकरूपता रखनी चाहिए, क्योंकि उसके रवैए से जहाँ संगठन का कार्य प्रभावित हो सकता है, वहीं कामकाजी रिश्ते में भी अंतर आ सकता है। अगर उसे किसी तरह की त्रुटि नजर आती है तो उसे तुरंत सुधार करने के लिए कदम उठाना चाहिए।

आचार्य चाणक्य ने लिखा—'गुणवदाश्रयात् निर्गुणः अपि गुणी भवति।'

—अर्थात् सक्षम व्यक्ति की देखरेख में काम करते हुए अक्षम व्यक्ति

भी सक्षम बन जाता है।

किसी भी व्यक्ति में निहित क्षमताओं का खुद उसके द्वारा और दूसरों के द्वारा, खासतौर पर उसके वरिष्ठ अधिकारियों द्वारा, अच्छी तरह आकलन नहीं किया जाता।

ऐसे मैनेजर, जो शिकायत करते रहते हैं कि उन्हें काम करवाने के लिए योग्य कर्मचारी नहीं मिलते, उन्हें इस कथन पर विशेष रूप से गौर करना चाहिए।

क्षमता के संबंध में 'पंचतंत्र' में एक रोचक श्लोक शामिल किया गया है—

'अश्वः शस्त्रं शास्त्रं वाणी वीणा नरश्च नारीच।
पुरुष विशेषं प्राप्ता भवन्ति अयोग्याश्च योग्याश्च॥'

—अर्थात् घोड़ा, विज्ञान, वाणी, वीणा, पुरुष और स्त्री किसी व्यक्ति विशेष के पास पहुँचकर योग्य या अयोग्य बन जाते हैं।

एक आदर्श मैनेजर को सक्षम व्यक्तियों को प्रोत्साहित करने की कोशिश करनी चाहिए, जो दूसरे व्यक्तियों को भी योग्य और सक्षम बनने की सीख दे सकते हैं।

समूह के स्तर पर अगर काफी तादाद में कनिष्ठ कर्मचारी अक्षम दिखाई देते हैं तो उनके अधिकारी की क्षमता की पड़ताल करने की जरूरत है। अगर अधिकारी अपने मातहतों की योग्यता को सुधारने की तरफ ध्यान नहीं दे रहा है तो उसे उसकी जिम्मेदारी के इस पहलू को लेकर सतर्क करने की जरूरत है।

आचार्य चाणक्य ने लिखा है—'क्षीराश्रितं जलं क्षीरं एव भवति।'

—अर्थात् जब पानी दूध के साथ घुलता है तो दूध ही बन जाता है।

योग्यता को समझाने के लिए इस तरह के उदाहरण का प्रयोग किया गया है। हो सकता है कि यह उदाहरण पूरी तरह सटीक न हो। पानी का दूध के साथ घुलकर सफेद होने के पीछे दूध के किसी प्रयत्न का हाथ नहीं होता।

सफेद रंग में आ जाना, दूध जैसा बन जाना अपने आप हो जाता है। स्वाभाविक रूप से किसी व्यक्ति के नजदीक रहने या उसकी सेवा करते

रहने से ही कोई अयोग्य व्यक्ति अपने आप योग्य नहीं बन जाएगा।

आचार्य चाणक्य ने लिखा है—'महात्मना परेण साहसं न कर्तव्यम्।'

—अर्थात् गुणी व्यक्ति दूसरों को खतरे में डालने का काम नहीं करता।

एक नेता या गुणी व्यक्ति को जोखिम के मामले में अगुवाई करने की जरूरत होती है। सेना के अधिकारियों में इसी तरह नेतृत्व करने का गुण होता है, मगर संगठनों के मैनेजरों में भी ऐसा गुण हो, यह जरूरी नहीं है।

रक्षा मामलों के विपरीत व्यवसाय से जुड़े खतरे शरीर से संबंधित नहीं होते। कार्य को सफलतापूर्वक पूरा करना जोखिम का काम होता है। यह जोखिम कई प्रकार का हो सकता है—नियुक्त किए कर्मचारी की अयोग्यता, सूचना के अभाव में लिये गए निर्णय को लेकर अनिश्चितता इत्यादि।

इस तरह के जोखिम का आकलन करते हुए मैनेजरों को प्रतिकूल नतीजों का दोष दूसरे के सिर नहीं मढ़ देना चाहिए। जोखिम भरे कार्यों के सफल होने पर उसे दूसरों को भी उदारतापूर्वक श्रेय देना चाहिए, वहीं नाकामी की अपनी जिम्मेदारी को ईमानदारी के साथ स्वीकार करना चाहिए।

इस तरह की कार्यशैली अपनाने से एक लाभ यह होगा कि कार्य की प्रगति के साथ-साथ मैनेजर अपना नियंत्रण बनाए रख सकेगा और किसी तरह की समस्या उत्पन्न होने पर सूझ-बूझ के साथ उनका निदान कर सकेगा।

इस तरह की कार्यशैली अपनाने से सफल होने की संभावना स्वाभाविक रूप से बढ़ती जाएगी, क्योंकि टीम के सदस्य जहाँ मैनेजर को जोखिम के बारे में आगाह करेंगे वहीं लचीले रुख का भी परिचय देंगे। इस तरह संगठन के उद्देश्यों के प्रति उनका समर्पण भी बढ़ जाएगा।

आचार्य चाणक्य ने लिखा है—'कदाचित् अपि चरित्रं न लंघयेत्।'

—अर्थात् व्यक्ति को कभी भी अपने चरित्र का उल्लंघन नहीं करना चाहिए।

'लंघ' क्रिया का अर्थ उल्लंघन या नष्ट करना भी होता है। चरित्र का किसी भी रूप में उल्लंघन या हनन—वैसे भी चरित्र का उल्लेख हमेशा सदाचार के अर्थों में किया जाता है—चरित्र को नष्ट कर देता है।

एक व्यक्ति या एक मैनेजर का चरित्र एक ऐसा चित्र है, जो वह कई

वर्षों में उन लोगों के जेहन में तैयार करता है, जिनके साथ सामाजिक और पेशेवर तरीके से संबंध बनाता है।

उसके किए गए अननिगत कार्यों के जरिए उसकी ऐसी छवि का निर्माण हो पाता है। वह अतीत में किस तरह कठिनाइयों का सामना करता रहा है और किस तरह का रुख अपनाता रहा है, इसी के आधार पर उसकी छवि बनती है।

उसके आचरण के जरिए एक ऐसा विन्यास सामने आता है, जिसके आधार पर उसके उद्देश्यों के संदर्भ में उसके भावी कदमों की भविष्यवाणी की जा सकती है।

उदाहरण के तौर पर, एक सच्चरित्र मैनेजर से अपेक्षा की जाती है कि वह अपने कनिष्ठों के प्रति हमेशा न्यायपूर्ण और उदार रवैया अपनाएगा। किसी परिस्थिति विशेष में वह क्या कदम उठा सकता है, इस बात की भविष्यवाणी करने का कोई अर्थ नहीं हो सकता; लेकिन उसके रवैए के बारे में आसानी से अंदाजा लगाया जा सकता है।

इस तरह की छविवाला मैनेजर अगर अचानक प्रतिशोधात्मक व्यवहार करता है तो यह उसके चरित्र का उल्लंघन कहलाएगा।

कई बार सच्चरित्र मैनेजरों पर भी अनैतिक काररवाई करने के लिए दबाव बनाया जाता है। यही वजह है कि चाणक्य ने सीमा का उल्लंघन नहीं करने की सलाह दी है।

आचार्य चाणक्य ने लिखा है—'क्षुधार्तः न तृणं चरति सिंहः।'

—अर्थात् भूख से विवश होकर सिंह घास नहीं खाता है।

चरित्र का उल्लंघन नहीं करने की सीख को इस उदाहरण के जरिए अधिक स्पष्ट किया गया है। किसी भी जीवित प्राणी पर उस समय सबसे अधिक दबाव होता है, जब उसके पास खाने के लिए कुछ नहीं होता।

कई बार व्यक्ति भूख की पीड़ा से अपना बचाव करने के लिए ऐसी चीज भी खा लेता है, जो स्वाभाविक परिस्थितियों में वह हरगिज खाना पसंद नहीं करता, जिस तरह सिंह घास नहीं खाता।

मांसाहारी सिंह के लिए निरामिष घास को आहार के रूप में ग्रहण

करना उसकी गरिमा, उसके चरित्र के अनुकूल नहीं है।

जिस तरह सिंह किसी भी दबाव की स्थिति में अपने स्वभाव को नहीं बदलता, उसी तरह मैनेजर को अपने चरित्र की रक्षा करनी चाहिए।

आचार्य चाणक्य ने लिखा है—'प्राणत् अपि प्रत्ययः रक्षितव्यः।'

—अर्थात् प्राण देकर भी भरोसे की रक्षा करनी चाहिए।

एक सशक्त और सच्चे स्वभाववाले मैनेजर को इस बात के लिए तैयार रहना चाहिए कि जिन लोगों ने उसके ऊपर भरोसा किया है, उनके भरोसे की हिफाजत करने के लिए वह अपनी जान भी न्योछावर कर सकता है।

अगर उसने किसी कार्य को पूरा करने का वचन दिया है, जिसका दूसरा अर्थ प्रत्यय होता है तो उसे उस कार्य को जरूर पूरा करना चाहिए, भले ही वह कार्य कठिन या जोखिम से भरपूर क्यों न हो।

प्रत्यय होता है तो उसे उस कार्य को जरूर पूरा करना चाहिए, भले ही वह कार्य कठिन या जोखिम से भरपूर क्यों न हो।

प्रत्यय का अर्थ यश, प्रसिद्धि या प्रतिष्ठा भी है। मैनेजर की प्रतिष्ठा सचमुच दाँव पर लगी रही है।

अगर मैनेजर एक बार अपनी प्रतिष्ठा या कर्मचारियों तथा नियोक्ताओं का विश्वास गँवा देता है तो दोबारा उसे हासिल कर पाना आसान नहीं होता। इस संदर्भ में एक कथन का उल्लेख किया जा सकता है—'रघुकुल रीति सदा चलि आई। प्रान जाहिं बरु बचन न जाई।'

आचार्य चाणक्य ने लिखा है—'पिशुनः नेता पुत्र दारैः अपि त्यज्यते।'

—अर्थात् दुर्बल नेता का त्याग उसकी पत्नी और बच्चे भी कर देते हैं।

'पिशुन' शब्द का प्रासंगिक अर्थ यहाँ है—कायर, चाटुकार, गरम मिजाज, असहिष्णु, संकीर्ण, भ्रष्ट, नीच और मूर्ख। इस सूत्र में इन सभी अर्थों को व्यक्त करने का प्रयास किया गया है।

चाणक्य ने कहना चाहा है कि जब कोई नेता शक्तिहीन या अक्षम हो जाता है तो उसके करीबी लोग उसके बुरे कर्मों को नापसंद करना शुरू कर देते हैं और अंततः उसे छोड़कर चले जाते हैं।

जो सही रास्ते पर चलना छोड़ देता है, उसके लिए अपने परिवार के

सदस्यों का समर्थन जुटा पाना भी संभव नहीं रह जाता।

आचार्य चाणक्य ने लिखा है—'बालात अपि अर्थजातं श्रुगुयात्।'

—अर्थात् ज्ञानी व्यक्ति की सारपूर्ण बातों को भी ध्यान से सुनना चाहिए।

सक्षम व्यक्ति स्वभाव से ही विनयशील होता है और वह दूसरों की बातें गौर से सुनने के लिए तत्पर रहता है।

एक आदर्श मैनेजर स्वयं को इस रूप में प्रशिक्षित कर लेता है कि वह सभी व्यक्तियों का सम्मान करता है और सबके नजरिए पर विचार करता है।

अकसर कोई बाहरी, अनजाना या सीधा-सादा व्यक्ति, जिसे राजनीति से कोई लेना-देना नहीं होता, ऐसे सवाल पूछता है या टिप्पणी करता है, जिससे हालात पर नई रोशनी पड़ती दिखाई देने लगती है।

कई बार इस तरह की टिप्पणी से कार्य को पूरा करने के लिए प्रभावी कदम उठाने में सहायता मिल सकती है।

आचार्य चाणक्य ने लिखा है—'सत्यं अपि अश्रद्धये न वदेत्।'

—अर्थात् सच होने पर भी अविश्वसनीय बात नहीं बोलनी चाहिए।

यह लीक से हटकर दिया गया परामर्श है, जबकि सभी से सत्यनिष्ठ होने की अपेक्षा की जाती है।

सत्यनिष्ठ मैनेजर जब तथ्यों को सामने रख रहा होता है तो वह उसके विविध पहलुओं की तरफ ध्यान नहीं दे रहा होता। चाणक्य ने ऐसे मैनेजरों को आगाह करते हुए कहा है कि उन्हें दूसरों के नजरिए को भी ध्यान में रखना चाहिए। उसे ऐसी बात नहीं करनी चाहिए, जिस पर सुननेवाले विश्वास न कर पाएँ।

अगर अविश्वसनीय तथ्यों को सामने रखना जरूरी हो जाए तो पहले मैनेजर को उसके समर्थन में आवश्यक प्रमाणों को जुटा लेना चाहिए और उसे अपनी बात सिद्ध करने के लिए तत्पर रहना चाहिए।

□

संसार के प्रथम मैनेजमेंट गुरु चाणक्य

क्यों हैं अद्वितीय मैनेजमेंट गुरु?

चाणक्य ने ऐसे सिद्धांत बनाए, जो—

1. उनके अपने जीवन में आजमाए हुए थे।
2. जो सभी परिस्थितियों और चुनौतियों से निपटने के लिए कारगर साबित हो सकते हैं।
3. एक साम्राज्य की स्थापना में सहायक बने।
4. चंद्रगुप्त मौर्य को सम्राट् बनाने में सहायक बने।
5. सर्वश्रेष्ठ शासन तंत्र का विकास करने में सहायक बने।
6. जो 136 वर्षों तक लगातार लागू रहे।
7. सम्राट् अशोक महान् को प्रस्तुत करने में सहायक बने।
8. वर्तमान युग में भी प्रासंगिक बने हुए हैं।

जीवन एवं समय—

1. जीवन अवधि : 350–275 ई.पू.
2. व्यक्तिगत जानकारी : कुटिल गोत्र में चणक के पुत्र के रूप में जनमे और विष्णुगुप्त कहलाए।
3. अहम घटना : मगध-नरेश नंद द्वारा अपमानित हुए।

प्रकरण 1 : एक चैरिटी ट्रस्ट के प्रमुख थे।

प्रकरण 2 : भोज में जब खाने लगे तो बाहर जाने के लिए कहा गया।

4. चंद्रगुप्त से भेंट

प्रकरण 1 : कुश और चाशनी।

प्रकरण 2 : चंद्रगुप्त को ग्रामीण बच्चों के बीच राजा का अभिनय करते हुए देखकर प्रभावित हुए और उसे 1,000 मुद्राएँ देकर खरीद लिया।

5. चंद्रगुप्त को प्रशिक्षण : तक्षशिला में 7-8 वर्षों तक गणित, मानवता, सैन्य विद्या एवं विज्ञान।

जीवन की महत्त्वपूर्ण घटनाएँ—

1. पहला प्रयत्न : महिला एवं गरम भोजन का प्रसंग।
2. ई.पू. 321 में चंद्रगुप्त को सम्राट् बनाया। ई.पू. 323 से 298 तक महामंत्री के पद पर रहे।
3. जीवन का सार — (1) राजनीति के मर्मज्ञ, (2) तेजस्वी एवं विलक्षण व्यक्तित्व, (3) जीवन-मूल्यों के उपदेशक।

रचनाएँ — (1) अर्थशास्त्र, (2) चाणक्य नीति

अर्थशास्त्र एवं चाणक्य नीति

(1) अर्थशास्त्र

6,000 छंद, अधिकतर पद्य, जिनमें 380 श्लोक हैं। इन्हें 15 अधिकरणों, 150 अध्यायों और 180 प्रकरणों में बाँटा गया है।

(2) चाणक्य नीति

समझदारी की बातों को समझाया गया है।

यह पुस्तक सभी मानव-विज्ञान की जननी है। इसका उद्देश्य व्यक्ति के अंदर सद्गुणों एवं मूल्यों का विकास करना है, साथ ही पुरुषार्थ को जाग्रत् करना है।

अधिकतर पद्य रचनाएँ हैं—12 अध्याय, 307 श्लोक।

(3) चाणक्य सूत्र

सूत्र प्रणाली

572 सूत्र

200-220 सूत्र शासकों के लिए प्रतिष्ठान मैनेजमेंट विषयक है।

शेष सूत्र आम लोगों के जीवन-प्रबंधन के लिए है।

मैनेजमेंट के विस्तृत सिद्धांत।

विलक्षण तरीके से चुनौतियों का सामना करने के लिए मार्गदर्शन किया गया है।

□

लीडरशिप सिद्धांतों के लिए चाणक्य सूत्र

सार

1. मूलानि—बुनियाद
2. मंत्रिण:—परामर्शक
3. मंत्र—नीतियाँ एवं रणनीतियाँ
4. राज्य तंत्रम्—मैनेजमेंट
5. राज्यनीति—मैनेजमेंट विज्ञान
6. संधि:—गठबंधन
7. आचरणम्—व्यवहार
8. दंड:—प्रवर्तन
9. अर्थ:—संसाधन
10. कार्याव्याप्ति:—कार्य-प्रणाली
11. कार्यम्—कार्य
12. कार्यार्थि:—कार्य प्रबंधक
13. कार्य सिद्धि:—कार्य-निष्पादन
14. लोक:—मानवीय संबंध
15. साहसम्—प्रबंधकीय क्रिया
16. अर्थ कामो—संपदा एवं आकांक्षाएँ
17. चरित्रम्—चरित्र
18. दोषा:—त्रुटियाँ
19. उत्साह:—उत्साह
20. स्वजन:—परिजन
21. धर्म:—नैतिकता

चाणक्य सूत्र : निचोड़

आरंभ

सा श्रीः वः अव्यात्।

अर्थात् संपदा आपकी सुरक्षा करे।

मूलानि

1. सुखस्य मूलं धर्मः।
2. धर्मस्य मूलं अर्थः।
3. अर्थस्य मूलं राज्यम्।
4. राज्य मूलं इंद्रियजयः।
5. इंद्रियजयस्य मूलं विनयः।
6. विनयस्य मूलं वृद्धोपसेवा।
7. वृद्धोपसेवया विज्ञानम्।
8. विज्ञानेन आत्मानं संपादयेत्।
9. संपादितात्मा जितात्मा भवति।
10. जितात्मा सर्वार्थैः संयुज्येत।

सुखस्य मूलं धर्म :

1. सुख का मूल नैतिकता है।
2. सुखमः

मैनेजमेंट का एकमात्र लक्ष्य सबके लिए सुख का सृजन करना है।

धर्म

1. निर्धारित कर्तव्य
2. पेशागत निष्ठा
3. जीवन-मूल्य
4. वैश्विक आचार-संहिता
    - अहिंसा
    - सत्य

- तन-मन की शुद्धता
- ईर्ष्या-रहित
- क्रूरता-रहित
- क्षमा

धर्मस्य मूलं अर्थ :

नैतिकता का मूल संसाधन है।

रोटी, कपड़ा और आवास के बिना कोई भी व्यक्ति नैतिक मार्ग पर नहीं चल सकता या अपने कर्तव्यों का पालन नहीं कर सकता।

नैतिक आचरण से ही अपने और दूसरों के लिए खुशी हासिल की जा सकती है। धन या संसाधन की सहायता से नैतिक आचरण संभव हो पाता है।

व्यक्ति को संपत्ति का सृजन करने के लिए प्रयत्न करना चाहिए और समान रूप से संपत्ति का वितरण करना चाहिए।

अर्थस्य मूलं राज्यम्

संसाधन का मूल राज्य (प्रतिष्ठान) है।

राज्य (प्रतिष्ठान) द्वारा संसाधनों को नियंत्रित किया जाता है, सृजन किया जाता है और विभिन्न उद्देश्यों के लिए इस्तेमाल किया जाता है।

विशाल राष्ट्र-राज्य/कॉरपोरेशन आज के युग में चाणक्य के बताए राज्य की तरह ही हैं, मगर उनका संचालन चुने गए जन-प्रतिनिधियों/शेयरधारकों द्वारा किया जाता है।

उद्योग एवं सेवा क्षेत्रों के जरिए संपत्ति का सृजन करने में विज्ञान, प्रौद्योगिकी और अभियांत्रिकी क्षेत्र की प्रगति और बाजार अर्थव्यवस्था के जरिए मदद मिल रही है। कृषि द्वारा संपत्ति सृजन पहले से ही होता रहा है।

राज्य मूलं इंद्रियजय :

प्रतिष्ठान का मूल इंद्रियों पर जीत हासिल करना है।

हरेक चीज के मैनेजमेंट की शुरुआत अपने आपसे होती है।

मैनेजमेंट को मैनेजर से जुदा नहीं किया जा सकता।

ज्ञानेंद्रियाँ

आँख, कान, नाक, जीभ एवं त्वचा।

कर्मेंद्रियाँ

हाथ, पैर, मुँह, जननेंद्रिय, गुदा

प्रत्यक्ष ज्ञान का इंद्रिय

मस्तिष्क

ज़ितेंद्रिय कैसा होता है?

नियंत्रण रखता है—काम, क्रोध, लोभ, मोह, मद और मत्सर्य।

इंद्रिय जयस्य मूलं विनय

इंद्रियों पर जीत का मूल प्रशिक्षण/अनुशासन है।

स्व-नियंत्रण अपने आप पर निर्भर करता है।

नैतिक बनने पर अनुशासन/विनम्रता का विकास होता है।

विनयस्य मूलं वृद्धोपसेवा

विनम्रता का मूल वृद्धों की सेवा करना है।

स्वयं से अधिक जानकार और अनुभवी व्यक्ति से ज्ञान प्राप्त कर विनम्रता और आत्म-अनुशासन का विकास किया जा सकता है।

वृद्धोपसेवया विज्ञानम्

वृद्धों की सेवा करते हुए सांसारिक ज्ञान प्राप्त किया जा सकता है।

विज्ञानम्

(1) विज्ञान एवं कला

(2) मानव व्यवहार

ज्ञानम् :

(1) आध्यात्मिक/दार्शनिक ज्ञान

विज्ञानेन आत्मानं संपादयेत्

अपने आपको सांसारिक ज्ञान से युक्त करें।

आंतरिक रूप से अपने आपको समृद्ध बनाएँ।

सांसारिक ज्ञान प्राप्त करने के बाद आत्म-विश्लेषण करें, फिर नैतिक आचरण करते हुए प्रभावशाली तरीके से अपने दायित्वों का पालन करें।

संपादितात्मा जितात्मा भवति

जो ज्ञान प्राप्त कर लेता है, वह अपनी इंद्रियों पर विजय प्राप्त करने में सक्षम होता है।

जो पूरी तरह आत्मनियंत्रित पेशेवर लीडर/मैनेजर होता है—

1. संगठन के दीर्घकालिक हित के लिए काम करता है।
2. संगठन के हित के सामने अपने हितों को प्राथमिकता नहीं देता।
3. दीर्घकालिक हितों के सामने तात्कालिक हितों को तरजीह नहीं देता।
4. समाज, राष्ट्र और अंशधारकों के हितों की उपेक्षा कर संगठन की भलाई नहीं करता।

अपने विवेक के विरुद्ध निर्णय लेने की अपेक्षा कार्य-मुक्त होना पसंद करता है।

जितात्मा सर्वार्थैः संयुज्येत्

जिसने स्वयं पर विजय पा ली, उसे सभी संसाधनों से संपन्न बनना चाहिए।

सर्वार्थैः सभी संसाधनः

(1) कर्मचारी

(2) धन

(3) सामग्री

(4) प्रणाली।

सांसारिक ज्ञान प्राप्त कर लेने के बाद संसाधन अपने आप प्राप्त नहीं हो जाते, बल्कि संगठन का निर्माण करने और सभी कार्यों को पूरा करने के लिए संसाधनों को जुटाना पड़ता है।

□

चाणक्य के प्रेरक सूत्र

सुखस्य मूलं धर्मः।

धर्मस्य मूलं अर्थः।

अर्थस्य मूलं इंद्रियजयः।

इंद्रियजयस्य मूलं विनयः।

विनयस्य मूलं वृद्धोपसेवा।

वृद्धोपसेवया विज्ञानम्।

विज्ञानेन आत्मानं संपादयेत्।

संपादितात्मा जितात्मा भवति।

जितात्मा सर्वार्थैः संयुज्येत्।

अर्थसंपत् प्रकृतिसंपदं करोति।

प्रकृतिसंपदा अनायकं अपि राज्यं नीयते।

प्रकृतिकोपः सर्वकोपेभ्यो गरीयान्।

अविनीत स्वामिलाभात् अस्वामिलाभः श्रेयान्।

संपाद्य आत्मानं अन्विच्छेत् सहायवान्।

न असाहयस्य मन्त्रनिश्चयः।

न एकं चक्रं भ्रामयति।

सहायः समसुखदुःखः।

मानी प्रतिमानिनं आत्मनि द्वितीयं मंत्रं उत्पादयेत्।

अविनीतं स्नेहमात्रेण न मंत्रे कुर्वीत।

श्रुतवन्तं उपधाशुद्धं मंत्रिणं कुर्वीत।

मंत्रमूलाः सर्वारम्भाः।

मंत्ररक्षणे कार्यसिद्धिः भवति।

मंत्रविसावी कार्यं नाशयति।

प्रमादात द्विजतां वशं उपयास्यति।

सर्वद्वारेभ्यः मंत्रो रक्षितव्य।

मंत्रसंपदा राज्यं वर्धते।

श्रेष्ठतमां मंत्रगुप्तिं आहुः।

कार्यान्धस्य प्रदीपः मंत्रः।

मंत्रचक्षुषा परछिद्राणि अवलोकयन्ति।

मंत्रकाले सत्सरः न कर्तव्यः।

त्रयाणं एकवाक्ये संप्रत्ययः।

कार्याकार्यतत्वार्थदर्शिनः मंत्रिणः।

षट्कर्णात भिद्यते मंत्रः।

आपत्सु स्नेहसंयुक्तं मित्रं।

मित्रसंग्रहणे बलं संपाद्यते।

बलवान् अलब्धलाभे प्रयतते।

अलब्धलाभः न अलसस्य।

अलसस्य लब्धं अपि रक्षितुं न शक्यते।

न च अलसस्य रक्षितं विवर्धते।

न भृत्यान् प्रेषयति।

अलब्धलाभादि चतुष्टयं राज्यतंत्रम्।

राज्यतंत्रायत्तं नीति शास्त्रम्।

राज्यतंत्रेषु आयतौ तंत्रावायौ।

तंत्रं स्वविषयकृत्येषु आयत्तं।

आवापः मण्डलनिविष्टः।

संधिविग्रहयोः निर्मण्डलः।

नीतिशास्त्रानुगः राजा।

अनन्तरप्रकृतिः शत्रुः।

एकान्तरितं मित्रं इष्यते।

हेतुतः शत्रुमित्रे भविष्यतः।

हीयमानः संधिं कुर्वीत।

हीयमानेन न संधिं कुर्वीत।

तेजो हि सन्धानहेतुः तदर्थानां।

न अतप्तकोहः लोहेन संधीयते।

बलवान् हीनेन विगृण्हीयात्।

न ज्यायसा समेन या।

गजपादयुद्धं इव बलवद्विग्रहः।

आमपात्रं आमेन सह विनश्यति।

अरिप्रयत्नं अभिसमीक्षेत्।

संधाय एकतः वा।

अभित्रविरोधात् आत्मरक्षां आवसेत्।

द्वयः अपि ईर्ष्यतः द्वैधीभावं कुर्वीत।

शक्तिहीनः बलवन्तं आथचेत्।

दुर्बलाश्रयः दुःखं आवहति।

अग्निवत् राजानं आश्रयेत्।

राज्ञः प्रतिकूलं न आचरेत्।

उद्धतवेषधरः न भवेत्।

न देवचरितं चरेत्।

दुर्बलः अपि राजा न अवमन्तव्यः।

न अस्त अग्नौ दौर्बल्यम्।

न व्यसनपरस्य कार्यावाप्तिः।

इन्द्रियवशवर्तिनी चतुरंगवान् अपि विनश्यति।

इन्द्रियवशवर्तिनी न अस्ति कार्याव्याप्तिः।

न अस्ति कार्यं घुतप्रवृत्तस्य।

मृगयापरस्य धर्मार्थौ विनश्यतः।

अर्थेषणा न व्यसनेषु गण्यते।

न कामासक्तस्य कार्यानुष्ठानम्।

अग्निदाहात् अपि विशिष्ठं वाक्यारुष्यम्।

दण्डपारुष्यात् सर्वजनद्वेष्यः भवति।

अमित्रः दण्डनीत्यां आयतः।

दण्डनीतिं अधितिष्ठन् प्रजा संरक्षिता।

दण्डः संपदा योजयति।

दण्डाभावे मन्त्रिवर्गाभावः।

न दण्डात् अकार्याणि कुर्वन्ति।

दण्डनीत्यां आयत्तं आत्मरक्षणं।

आत्मनि रक्षिते सर्वं रक्षितं भवति।

आत्मायर्तो वृद्धिविनाशौ।

दण्डः हि विज्ञाने प्रणीयते।

दण्डे प्रणीयते वृत्तिः।

वृत्तिमूलं अर्थलाभः।

अर्थमूलौ अर्थकामौ।

अर्थमूलं कार्यम्।

यत् अल्पप्रयत्नात् कार्यसिद्धिः भवति।

सर्वाः च संपद सर्वोपायेन परिग्रहेत्।

अर्थतोषिणं श्रीः परित्यजति।

भाग्यवन्तं अपरीक्ष्यकारिणं श्रीः परित्यजति।

ज्ञानानुमानैः च परीक्षा कर्तव्या।

उपायपूर्वं न दुष्करं स्यात्।

अनुपायपूर्वं कार्यं कृतमयि नश्यति।

कार्यार्थिनां उपायः एव सहायः।

कार्यं पुरुषकारेण लक्ष्यं संपद्यते।

पुरुषकारं अनुवर्तते दैवम्।

दैवं बिना अतिप्रयत्नं करोति यत् तद् विफलम्।

पूर्वं निश्चित्य पश्चात् कार्यं आरम्भेत्।

कार्यान्तरे दीर्घसूत्रता न कर्तव्या।

असमाहितस्य वृत्तिः न विद्यते।

न चलचित्तस्य कार्याव्याप्तिः।

हस्तागतावमानात् कार्यव्यतिक्रमो भवति।

दोषवर्जितानि कार्याणि दुर्लभानि।

दुरनुबन्धं कार्यं न आरम्भेत्।

बालविद् कार्यं साधयेत्।

कालातिकुमात् कालः एव कार्यं पिबति।

क्षणं प्रति कालविक्षेपं न कुर्यात् सर्वकृत्येषु।

देशकालविभागौ ज्ञात्वा कार्यं आरभेत्।

दैवहीनं कार्यं सुसाधं अपि दुःसाधं भवति।

नीतिज्ञः देशकालौ परीक्षेत्।

परीक्ष्यकारिणी श्रीः चिरं तिष्ठति।

दुःसाधं अपि सुसाधं करोति उपायज्ञः।

यः भस्मिन् कार्ये कुशलः तं तस्मिन् एव योजयेत्।

अज्ञानिना कृतं अपि न बहु मन्तव्यम्।

यादृच्छिकत्वात् कृमिः अपि रूपान्तराणि करोति।

सिद्धस्य इव कार्यस्य प्रकाशनं कर्तव्यम्।

ज्ञानवतां अपि दैवमानुषदोषात् कार्याणि दुष्यन्ति।

दैवदोषं शान्तिकर्मणा प्रतिषेधयेत्।

मानुषीं कार्यविपत्तीं कौशलेन विनिवारयेत्।

कार्यविपत्तौ दोषान् वर्णयन्ति वालिशाः।

कार्यार्थिना दाक्षिण्यं न कर्तव्यम्।

क्षीरार्थी वत्सः मातुः उधः प्रतिहन्ति।

अप्रयत्नात् कार्यविपत्तिः भवति।

न दैवप्रमाणानां कार्यसिद्धिः।

कार्यबहुत्वे बहुफलं आयतिकं कुर्यात्।

स्वयं एव अवस्कन्तं कार्यं निरीक्षेत्।

कार्यबाह्यः न पोषयति आश्रितान्।

यः कार्यं न पश्चति सः अन्धः।

प्रत्यक्षपरोक्षानुमानैः कार्याणि परीक्षेत्।

अपरीक्ष्यकारिणं श्रीः परित्यजति।

परीक्ष्य तार्या विपत्तिः।

स्वशक्तिं ज्ञात्वा कार्यं आरभेत्।

स्वजनं तर्पयित्वा यः शेषभोजी सः अमृतभोजी।

सम्यगनुष्ठानात् आयमुखानि वर्धन्ते।

न असित भीरोः कार्यचिन्ता।

स्वामिनः शीलं ज्ञात्वा कार्यार्थी कार्यं साधयेत्।

धेनोः शीलज्ञः हि क्षीरे भूड्क्ते।

क्षुद्रे गुह्यप्रकाशनं आत्मवान् न कुर्यात्।

आश्रितैः अपि अवमन्यते मृदुस्वभावः।

तीक्ष्णदण्डः सर्वैः उद्वेजनीयः भवति।

यथार्हदण्डकारी स्यात्।

अल्पसारं श्रुतवन्तं अपि न बहुमन्यते लोकः।

अतिभारः पुरुषं अवसादयति।

य: संसदि परदोषान् शंसति स: स्वदोषं प्रख्यापयति।

आत्मानं एव नाशपति आत्मवतां कोप:।

न अस्ति अप्राप्यं सत्यव्रताम्।

न केवलेन साहसेन कार्यसिद्धि: भवति।

साहसे खलु श्री:वसति।

व्यसनार्त: विस्मरति अवश्यकर्तव्यान्।

न अस्ति अन्तराय: कालविक्षेपे।

असंशयविनाशात् संशयविनाश: श्रेयान्।

केवलं धनानि निक्षेप्तु: न स्वार्थ: न दानं न धर्म:।

दानं धर्म:।

अपरधनानपेक्षं केवलं अर्थदानं श्रेय:।

न आर्यगत: अर्थवृद्धिपरीत: अनर्थभाव:।

न्यायागत: अर्थ:।

तद् विपरीत: अर्थाभास:।

च: धर्मार्थौ न पीडयति स: काम:।

तद् विपरीत: कामाभास:।

तद् विपरीत: अनर्थसेवी।

अवमानेन आगतं ऐश्वर्यं अवमन्यते साधु:।

ऋजुस्वभावपर: जनेषु दुर्लभ:

गुणवदाश्रयात् निर्गुण: अपि गुणी भवति।

क्षीराश्रितं जलं क्षीरं एव भवति।

महात्मना परेण साहसं न कर्तव्यम्।

कदाचित् अपि चरित्रं न लंघयेत्।

क्षुधार्त: न तृणं चरति सिंह:।

प्राणत् अपि प्रत्यय: रक्षितव्य:।

पिशुन: नेता पुत्रदारै: अपि त्यज्यते।

बालात् अपि अर्थजातं श्रुणुयात्।

सत्यं अपि अश्रद्धेयं न वदेत्।

बहून् अपि गुणान् एकदोषः ग्रसति।

न अल्पदोषात् बहुगुणाः व्यज्यन्ते।

विपश्चित्सु अपि सुलभाः दोषाः।

न अस्ति रत्नं अखण्डितम्।

मर्यादातीतं न कदाचित् अपि विश्वसेत्।

अप्रिये कृते प्रियं अपि द्वेष्यं भवति।

नमन्ति अपि तुलाकोटिः कूपोदकक्षयं करोति।

सतां मतं न अतिकमेत्।

उत्साहवतां शत्रय अपि वशीभवन्ति।

विक्रमधनाः हि राजानः।

न अस्ति अलसस्य ऐहिकं आमुष्मिकं वा।

निरुत्साहात् दैवं पतति।

आत्मच्छिद्रं न प्रकाशयेत्।

छिद्रप्रहरणः शत्रवः अपि।

स्वजनस्य दुर्वृत्तं निवारयेत्।

एकांगदोषः पुरुषं अवसादयति।

क्षन्तव्यं इति पुरुषं न बाधेत।

कार्यसंकटेषु अर्थव्यवसायिनी बुद्धिः।

स्वजनेषु अतिक्रमः न कर्तव्यः।

माता अपि दुष्टा त्याज्या।

स्वहस्तः अपि विषदिग्धः द्वेद्यः।

अप्रतीकारेषु अनादरः न कर्तव्यः।

परः अपि च हित बन्धुः।

गुणे न मत्सरः कर्तव्य।

संसदि शत्रुं न परिकोशेत्।

शत्रोः अपि सुगुणाः ग्राह्याः।

चिरपरिचितानां अत्युपचारः शंकितव्यः।

अतिसंगः दोषं उत्पादयति।

धर्मेण धार्यते लोकः।

दया धर्मस्य जन्मभूमिः।

धर्ममूले सत्यदाने।

धर्मेण जयति लोकान्।

आत्मविनाशं सूचपति अधर्मबुद्धिः।

न अस्ति अहंकारसमः शत्रु।

दुर्दर्शनाः हि राजानः प्रजा नाशयन्ति।

सुदर्शनाः राजानः प्रजा रक्षन्ति।

न्याययुक्तं राजानं मातरं मन्यते प्रजा।

तादृशः स राजा इह सुखं ततः स्वर्गं च आप्नोति।

□

चाणक्य की अमर सूक्तियाँ

- मित्रता बराबरीवालों से करना ठीक रहता है। सरकारी नौकरी सर्वोत्तम होती है और अच्छे व्यापार के लिए व्यवहार-कुशल होना आवश्यक है। इसी तरह सुंदर व सुशील स्त्री घर में ही शोभा देती है।
- बुरे चरित्रवाले, अकारण दूसरों को हानि पहुँचानेवाले तथा अशुद्ध स्थान पर रहनेवाले व्यक्ति के साथ जो पुरुष मित्रता करता है, वह शीघ्र ही नष्ट हो जाता है। मनुष्य को कुसंगति से बचना चाहिए। मनुष्य की भलाई इसी में है कि वह जितनी जल्दी हो सके, दुष्ट व्यक्ति का साथ छोड़ दे।
- बचपन में संतान को जैसी शिक्षा दी जाती है, उनका विकास उसी प्रकार होता है। इसलिए माता-पिता का कर्तव्य है कि वे उन्हें ऐसे मार्ग पर चलाएँ, जिससे उनमें उत्तम चरित्र का विकास हो, क्योंकि गुणी व्यक्तियों से ही कुल की शोभा बढ़ती है।
- जो मित्र आपके सामने चिकनी-चुपड़ी बातें करता हो और पीठ पीछे आपके कार्य को बिगाड़ देता हो, उसे त्याग देने में ही भलाई है। वह उस बरतन के समान है, जिसके ऊपर के हिस्से में दूध लगा है, परंतु अंदर विष भरा हुआ होता है।
- वही गृहस्थ सुखी है, जिसकी संतान उनकी आज्ञा का पालन करती है। पिता का भी कर्तव्य है कि वह पुत्रों का पालन-पोषण अच्छी तरह से करे।
- ऐसे व्यक्ति को मित्र नहीं कहा जा सकता है, जिस पर विश्वास नहीं

किया जा सके और ऐसी पत्नी व्यर्थ है, जिससे किसी प्रकार का सुख प्राप्त न हो।

- पृथ्वी सत्य की शक्ति द्वारा समर्पित है। यह सत्य की शक्ति ही है, जो सूरज को चमक और हवा को वेग देती है। दरअसल सभी चीजें सत्य पर निर्भर करती हैं।
- हे बुद्धिमान लोगो! अपना धन उन्हीं को दो, जो उसके योग्य हों और किसी को नहीं। बादलों के द्वारा लिया गया समुद्र का जल हमेशा मीठा होता है।
- यदि किसी का स्वभाव अच्छा है तो उसे किसी और गुण की क्या जरूरत है! यदि आदमी के पास प्रसिद्धि है तो भला उसे और किसी सिंगार की क्या आवश्यकता है!
- संतुलित दिमाग से बढ़कर कोई सादगी नहीं है। संतोष जैसा कोई सुख नहीं है। लोभ जैसी कोई बीमारी नहीं है और दया जैसा कोई पुण्य नहीं है।
- वह, जो अपने परिवार से अत्यधिक जुड़ा हुआ है, उसे भय और चिंता का सामना करना पड़ता है; क्योंकि सभी दुःखों की जड़ लगाव है। इसलिए खुश रहने के लिए लगाव छोड़ देना चाहिए।
- हमें भूतकाल के बारे में पछतावा नहीं करना चाहिए, न ही भविष्य के बारे में चिंतित होना चाहिए। विवेकवान् व्यक्ति हमेशा वर्तमान में जीते हैं।
- दुनिया की सबसे बड़ी शक्ति नौजवानी और स्त्री की सुंदरता है।
- जब तक आपका शरीर स्वस्थ व नियंत्रण में है और मृत्यु दूर है, अपनी आत्मा को बचाने की कोशिश कीजिए। जब मृत्यु सिर पर आ जाएगी, तब आप क्या करेंगे?
- शिक्षा सबसे अच्छी मित्र है। एक शिक्षित व्यक्ति हर जगह सम्मान पाता है। शिक्षा सौंदर्य और यौवन को परास्त कर देती है।

- व्यक्ति अकेले पैदा होता है और अकेले मर जाता है और वह अपने अच्छे और बुरे कर्मों का फल खुद ही भुगतता है, और वह अकेले ही नरक या स्वर्ग जाता है।
- जो बीत गया सो बीत गया। अपने हाथ से कोई गलत काम हो गया है तो उसकी फिक्र छोड़ते हुए वर्तमान को सलीके से जीकर भविष्य को सँवारना चाहिए।
- ऐसा पैसा, जो बहुत तकलीफ के बाद मिले, अपना धर्म-ईमान छोड़ने पर मिले या दुश्मनों की चापलूसी से, उनकी सत्ता स्वीकारने से मिले, उसे स्वीकार नहीं करना चाहिए।
- अगर कोई व्यक्ति कमजोर है, तब भी उसे हर समय अपनी कमजोरी का प्रदर्शन नहीं करना चाहिए।
- दिल में प्यार रखनेवाले लोगों को दु:ख ही झेलने पड़ते हैं। दिल में प्यार पनपने पर बहुत सुख महसूस होता है, मगर इस सुख के साथ एक डर भी अंदर-ही-अंदर पनपने लगता है—खोने का डर, अधिकार कम होने का डर आदि। मगर दिल में प्यार पनपे नहीं, ऐसा तो हो नहीं सकता। तो प्यार पनपे, मगर कुछ समझदारी के साथ। संक्षेप में कहें तो प्रीति में चालाकी रखनेवाले ही अंततः सुख पाते हैं।
- जब आपका बच्चा जवानी की दहलीज पर कदम रखे, यानी कि सोलह-सत्रह वर्ष का होने लगे, तब आप सँभल जाएँ और उसके साथ एक दोस्त की तरह व्यवहार करें। यह बहुत जरूरी है।
- नदी किनारे स्थित वृक्षों का जीवन अनिश्चित होता है, क्योंकि नदियाँ बाढ़ के समय अपने किनारे के पेड़ों को उजाड़ देती हैं। इसी प्रकार दूसरे के घरों में रहनेवाली स्त्री भी किसी समय पतन के मार्ग पर जा सकती है। इसी तरह जिस राजा के पास अच्छी सलाह देनेवाले मंत्री नहीं होते, वह भी बहुत समय तक सुरक्षित नहीं रह सकता। इसमें जरा भी संदेह नहीं करना चाहिए।
- झूठ बोलना, उतावलापन दिखाना, दु:साहस करना, छल-कपट करना,

मूर्खतापूर्ण कार्य करना, लोभ करना, अपवित्रता और निर्दयता—ये सभी स्त्रियों के स्वाभाविक दोष हैं। (हालाँकि वर्तमान दौर की शिक्षित स्त्रियों में इन दोषों का होना सही नहीं कहा जा सकता है।)

- जब आप तप करते हैं तब अकेले करें। अभ्यास करते हैं, तब दूसरे के साथ करें। गायन करते हैं, तब तीन लोग करें। खेती चार लोग करें। और युद्ध अनेक लोग मिलकर करें।
- कामयाब होने के लिए अच्छें मित्रों की जरूरत होती है और ज्यादा कामयाब होने के लिए अच्छे शत्रुओं की आवश्यकता होती है।
- काम वासना के समान कोई दूसरा रोग नहीं, मोह के समान कोई दूसरा शत्रु नहीं, क्रोध के समान कोई आग नहीं, ज्ञान से बड़ा कोई सुख नहीं।
- आपका खुश रहना ही आपके दुश्मनों के लिए सबसे बड़ी सजा है।
- अच्छे कार्य जीवन को महान् बनाते हैं। यह मत भूलें कि यह जीवन अस्थायी है। इसलिए जीवन के हर क्षण का उपयोग किया जाना जरूरी है। मौत आ जाएगी तो फिर कुछ भी न रहेगा। न यह शरीर, न कल्पना, न आशा। हर चीज मौत के साथ दम तोड़ देगी।
- भोजन के लिए अच्छे पदार्थों का उपलब्ध होना, उन्हें पचाने की शक्ति का होना, सुंदर स्त्री के साथ संसर्ग के लिए काम शक्ति का होना, प्रचुर धन के साथ धन देने की इच्छा का होना—ये सभी सुख मनुष्य को बहुत कठिनता से प्राप्त होते हैं।
- जिस प्रकार सभी पर्वतों पर मणि नहीं मिलती, सभी हाथियों के मस्तक में मोती उत्पन्न नहीं होता, सभी वनों में चंदन का वृक्ष नहीं होता, उसी प्रकार सज्जन पुरुष सभी जगहों पर नहीं मिलते हैं।
- जीवन में पुरानी बातों को भुला देना ही उचित होता है। अतः अपनी गलत बातों को भुलाकर वर्तमान को सुधारते हुए जीना चाहिए।
- जो लोग हमेशा दूसरों की बुराई करके खुश होते हों, ऐसे लोगों से

दूर ही रहें; क्योंकि वे कभी भी आपके साथ धोखा कर सकते हैं। जो किसी और का न हुआ, वह भला आपका क्या होगा।

- अपने रहस्यों को किसी पर भी उजागर मत करो। यह आदत स्वयं के लिए ही घातक सिद्ध होगी।
- सज्जन तिल बराबर (बहुत छोटे) उपकार को भी पर्वत के समान बड़ा मानकर चलता है।
- आँख से अंधे को दुनिया नहीं दिखती, काम के अंधे को विवेक नहीं दिखता, मद के अंधे को अपने से श्रेष्ठ नहीं दिखता और स्वार्थी को कहीं भी दोष नहीं दिखता।
- अपने परिवार पर संकट आए तो जमा धन कुरबान कर दें। लेकिन अपनी आत्मा की रक्षा हमें अपने परिवार और धन को भी दाँव पर लगाकर करनी चाहिए।
- अपनी कमाई में से धन का कुछ प्रतिशत हिस्सा संकट काल के लिए हमेशा बचाकर रखें।
- किसी भी व्यक्ति को बहुत ईमानदार नहीं होना चाहिए। सीधे वृक्ष और सीधे व्यक्ति पहले काटे जाते हैं।
- सुगंध का प्रसार हवा के रुख का मोहताज होता है, पर अच्छाई सभी दिशाओं में फैलती है।
- अगर साँप जहरीला न भी हो तो उसे खुद को जहरीला दिखाना चाहिए।
- कोई भी काम शुरू करने से पहले तीन सवाल अपने आपसे पूछें—मैं ऐसा क्यों करने जा रहा हूँ? इसका क्या परिणाम होगा? क्या मैं सफल रहूँगा?
- दूसरों की गलतियों से सीखो/अपने ही ऊपर प्रयोग करके सीखने को तुम्हारी आयु कम पड़ेगी।
- जो व्यक्ति अच्छा मित्र नहीं है, उस पर तो विश्वास नहीं करना

चाहिए; परंतु इसके साथ ही अच्छे मित्र के संबंध में भी पूरा विश्वास नहीं करना चाहिए, क्योंकि यदि वह नाराज हो गया तो आपके सारे भेद खोल सकता है। अतः सावधानी अत्यंत आवश्यक है।

- ज़िस तरह वेश्या धन के समाप्त होने पर पुरुष से मुँह मोड़ लेती है, उसी तरह जब राजा शक्तिहीन हो जाता है तो प्रजा उसका साथ छोड़ देती है। इसी प्रकार वृक्षों पर रहनेवाले पक्षी भी तभी तक किसी वृक्ष पर बसेरा रखते हैं, जब तक वहाँ से उन्हें फल प्राप्त होते रहते हैं। अतिथि का जब पूरा स्वागत-सत्कार कर दिया जाता है तो वह भी उस घर को छोड़ देता है।
- जिस प्रकार पत्नी के वियोग का दुःख, अपने भाई-बंधुओं से प्राप्त अपमान का दुःख असहनीय होता है, उसी प्रकार कर्ज से दबा व्यक्ति भी हर समय दुःखी रहता है। दुष्ट राजा की सेवा में रहनेवाला नौकर भी दुःखी रहता है। निर्धनता का अभिशाप भी मनुष्य कभी नहीं भुला पाता। इनसे व्यक्ति की आत्मा अंदर-ही-अंदर जलती रहती है।
- किसी भी मनुष्य की वर्तमान स्थिति को देखकर उसके भविष्य का उपहास मत उड़ाओ, क्योंकि काल में इतनी शक्ति है कि वह एक मामूली कोयले के टुकड़े को हीरे में बदल सकता है।
- 'असंभव' शब्द का इस्तेमाल बुजदिल करते हैं। बहादुर और बुद्धिमान व्यक्ति अपना रास्ता खुद बनाते हैं।
- भाई-बंधुओं की परख संकट के समय होती है।
- जब तक गुणी एवं विवेकी व्यक्ति को यथोचित स्थान प्राप्त नहीं होता, तब तक वह मूल्यहीन एवं तिरस्कृत रहता है। यह स्थिति भूमि में दबे हीरे की तरह है, जो उचित आश्रय न मिलने के कारण पत्थर समान होता है। जब उसे स्वर्ण में जड़ दिया जाता है, तभी देखनेवाले उसकी प्रशंसा करते हैं। उचित स्थान प्राप्त करने के बाद ही किसी गुणी व्यक्ति के गुणों को समाज द्वारा स्वीकारा जाता है।

- जिस प्रकार रत्न स्वर्ण में जड़कर अत्यंत सुंदर हो जाता है, जबकि लोहे में जड़कर शोभाहीन प्रतीत होता है, उसी प्रकार विवेकी मनुष्य का गुणवान् होना अधिक उपयुक्त होता है।
- जिस मनुष्य की संसार प्रशंसा करता है, वही वास्तव में सम्मान योग्य है।
- जिस प्रकार पूर्णिमा के चाँद के स्थान पर द्वितीय का छोटा चाँद पूजा जाता है, उसी प्रकार सद्गुणों से युक्त मनुष्य निर्धन एवं नीच कुल से संबंधित होते हुए भी पूजनीय होता है।
- जिस प्रकार भवन की छत पर बैठने से कौआ गरुड़ नहीं हो जाता, उसी प्रकार ऊँचे आसन पर विराजमान व्यक्ति महान् नहीं होता।
- संकट से घिरा मनुष्य उसी प्रकार विवेक-शून्य हो जाता है, जिस प्रकार सोने के हिरण का पीछा करते हुए भगवान् राम हो गए थे। यह जानने के बाद भी कि सोने का हिरण नहीं होता, वे उसे मारने के लिए उसके पीछे-पीछे दौड़ पड़े। यानी बुरे समय में बुद्धिमान लोग भी अनुचित कार्य कर बैठते हैं।
- धन का नशा इतना तीव्रतर होता है कि उसे पाकर बुद्धि-विवेक से युक्त ज्ञानवान् व्यक्ति भी अहंकार से भर उठता है। इसके लोभ में पड़कर मनुष्य को बार-बार संकटों का सामना करना पड़ता है।
- किसी सुंदर युवती का प्रेमपूर्ण व्यवहार देख जो यह समझने लगता है कि वह उससे प्रेम करने लगी है, वह मनुष्य शीघ्र ही अपना सर्वस्व खो बैठता है। उसका व्यवहार एक कठपुतली की तरह हो जाता है, जो उस युवती के संकेतों पर नाचता है।
- कभी-कभी अनेक अवगुणों पर एक गुण भी भारी पड़ जाता है। केवल एक गुण के कारण ही अवगुणी होते हुए भी मनुष्य समाज में मान-सम्मान प्राप्त कर लेता है।
- मनुष्य को कभी किसी असहाय एवं पीड़ित व्यक्ति का उपहास नहीं

उड़ाना चाहिए, क्योंकि यह स्थिति उसके साथ भी घटित हो सकती है।

- राजा, वेश्या, यम, अग्नि, तस्कर, बालक, याचक और गाँववासियों को परेशान करनेवाले—ये आठों दूसरे मनुष्य के दुःख एवं संताप को नहीं जानते। इनकी प्रवृत्ति अपने मन के अनुसार कार्य करने की होती है।
- जिस प्रकार बुद्धिहीन हाथी द्वारा मद की कामना से आए भौंरों को अपने कानों की चोट से उड़ा देने पर भौंरों को कोई फर्क नहीं पड़ता, वे पुनः कमल-वन में चले जाते हैं, जबकि हाथी के ललाट की शोभा नष्ट हो जाती है उसी प्रकार कोई दुर्जन किसी याचक को भगा दे तो इससे याचक को कोई फर्क नहीं पड़ता। वह किसी और घर से भिक्षा प्राप्त कर लेता है। लेकिन तिरष्कृत याचक पुनः दुर्जन के पास नहीं जाता। इससे उसका यश कलंकित होता है।
- जो धर्म-कर्म और नैतिक गुणों से युक्त है, वास्तव में वही मनुष्य कहलाने का अधिकारी है। इसके विपरीत, इनसे रिक्त मनुष्य पशु-तुल्य होता है।
- मनुष्य को परोपकार की भावना से परिपूर्ण होना चाहिए। परोपकार में ही मनुष्य का आत्म-कल्याण निहित होता है। जिसका हृदय परोपकार से भरा हुआ है, उसे कभी विपत्तियों का सामना नहीं करना पड़ता।
- बाहरी दिखावे या विषय-वासनाओं में डूबने से मन शांत और पवित्र नहीं होता। इसके लिए आंतरिक संतुष्टि आवश्यक है और यह केवल परोपकार, सहृदयता, सच्चरित्रता एवं दान में निहित होती है।
- जिस प्रकार सर्प, मधुमक्खी तथा बिच्छू विष से युक्त होते हैं, उसी प्रकार दुर्जन व्यक्ति भी भयंकर विष से परिपूर्ण होता है। मनुष्य को दुर्जन से दूर रहना चाहिए।
- मनुष्य का स्वभाव आकाश में उड़ते पक्षी के समान होता है। लेकिन

पंख न होने की विवशता उसे जमीन पर चलने के लिए बाध्य कर देती है। विवशता मनुष्य और उसके आचरण को पथभ्रष्ट होने से रोकती है।

- अपनी विद्वत्ता को सार्थक बनाए रखने के लिए मनुष्य को यथासंभव दान करते रहना चाहिए।
- यदि मनुष्य लोभी है तो उसे दुर्जनों की कोई आवश्यकता नहीं होती; क्योंकि लोभ ही उसका सबसे बड़ा शत्रु होता है, जो उसे नाश की ओर धकेलता है। निंदक एवं चुगलखोर को पातकों से कुछ लेना-देना नहीं होता। निंदा-कर्म करके वह स्वयं पातकों का कार्य संपन्न करता है।
- सत्य से बड़ा कोई तप नहीं होता। सत्य का तेज देह के सभी विकार नष्ट कर डालता है। इसलिए जीवन में सत्य धारण करनेवाले को तप की कोई आवश्यकता नहीं होती।
- जो वस्तु मनुष्य के लिए असाध्य है, उसकी सीमा से परे है, उसे अथक परिश्रम करके प्राप्त किया जा सकता है। श्रम की शक्ति असीमित होती है। इसके बल पर असंभव भी संभव हो जाता है।
- जो मनुष्य आपके साथ सद्व्यवहार करे, आप भी उसके साथ उसी प्रकार का व्यवहार करें। लेकिन जो मनुष्य आपका बुरा करना चाहता है, उसका प्रत्युत्तर बुराई से ही देना चाहिए।
- गुरु को त्यागनेवाला मनुष्य उस अनाचारी स्त्री की तरह होता है, जिसे समाज में तिरस्कृत किया जाता है। पुत्र उत्पन्न करने पर भी वह मातृत्व के गौरव से वंचित रहती है। जो मनुष्य गुरु का आश्रय छोड़कर विद्यार्जन हेतु इधर-उधर भटकता है, यदि वह कहीं से ज्ञान अर्जित कर ले तो भी विद्वानों की सभा में उपहास का पात्र बनता है।
- पुस्तकों में वर्णित ज्ञान और दूसरों के पास गया धन आवश्यकता पड़ने पर कभी काम नहीं आता। संकट में केवल वही धन उपयोग

में आता है, जो मनुष्य के पास संचित होता है।

- अच्छे संस्कार पूर्वजन्म से जुड़े होते हैं। दान, विद्या, संयम, शील आदि जैसी अच्छी आदतें अनेक पिछले जन्मों से लगातार चलती हुई भाग्यवश वर्तमान जन्म में भी मिलती हैं। इन सद्गुणों का लाभ उठाकर जीवन सार्थक करना चाहिए।
- संसार रूपी कटु वृक्ष पर भाषा और संतजन की संगति के रूप में दो मीठे और अमृतदायक फल लगते हैं। सुसंस्कृत भाषा द्वारा जहाँ एक ओर सबका दिल जीता जा सकता है, वहीं ज्ञानियों की संगति दुष्टों को भी सज्जन मनुष्य में परिवर्तित कर देती है।
- मनुष्य को सदैव मीठे वचन बोलने चाहिए। मृदु वाणी सबको प्रसन्न और आनंदित कर देती है।
- अपमानित व्यक्ति क्षण-प्रतिक्षण अपमान का कड़वा घूँट पीता है। समाज उसे घृणा की दृष्टि से देखता है। सगे-संबंधी एवं मित्र आदि उसके साथ नीच व्यवहार करते हैं। यहाँ तक कि उसकी पत्नी एवं पुत्र आदि भी उससे कतराने लगते हैं। ऐसे जीवन से सम्मानित मृत्यु अधिक सुखमय होती है।
- याचक से सभी डरते हैं। सगे-संबंधी, मित्र आदि भी उसका साथ छोड़ देते हैं। अभावग्रस्त की सहायता करने में लोग कतराते ही हैं।
- किसी सुपात्र को दिया गया दान कभी निरर्थक नहीं जाता। उसका प्रभाव कर्मफल की प्राप्ति के बाद भी शाश्वत रहता है। इसलिए दान केवल सुपात्र को देना चाहिए।
- मनुष्य धन, आयु, स्त्री तथा भोजन-सामग्री से कभी संतुष्ट नहीं होता। तृष्णा का कभी अंत नहीं होता। यह सदैव मनुष्य को अशांत और व्यथित करती है।
- धन उसी स्थिति में महत्त्वपूर्ण और उपयोगी होता है, जब वह किसी एक व्यक्ति के लिए न होकर संपूर्ण समाज के लिए लाभकारी हो।

- पाप-कर्म द्वारा अथवा किसी को कष्ट-क्लेश पहुँचाकर अर्जित किया गया धन अभिशापित होकर मनुष्य का नाश कर डालता है। ऐसे धन से बचना चाहिए, अन्यथा शीघ्र ही मनुष्य का उसके कुल सहित नाश हो जाएगा।
- मनुष्य को इस लोक में सांसारिक सुखों का यथावत् भोग करना चाहिए; लेकिन साथ ही धार्मिक कार्यों द्वारा परलोक को सुधारने के लिए भी प्रयासरत रहना चाहिए।
- जिस प्रकार कट जाने के बाद भी चंदन वृक्ष की सुगंध समाप्त नहीं होती, वृद्ध होने पर भी हाथी की काम-पिपासा शांत नहीं होती, कोल्हू में पीसने के बाद भी ईख की मिठास नहीं जाती, उसी प्रकार यदि उच्च कुल में जनमा शील-गुण से संपन्न मनुष्य धनहीन हो जाए तो भी उसकी विनम्रता, विनयशीलता और शालीनता नष्ट नहीं होती।
- संसार के समस्त बंधनों में प्रेम का बंधन सबसे उत्तम होता है।
- परदेश में व्यक्ति को समय और आय के अनुसार स्वयं को ढाल लेना चाहिए।
- यदि व्यक्ति याचक बनकर किसी व्यक्ति के घर जाता है तो उसका मान-सम्मान और अहं नष्ट हो जाता है। इसलिए मनुष्य को पुरुषार्थ करना चाहिए, जिससे याचक बनने का अवसर कभी उत्पन्न न हो।
- विद्वान् को निम्न स्थान देकर मूर्ख को उच्च स्थान पर बैठाने के बाद भी विद्वान् का महत्त्व कम नहीं होता।
- पाप, असत्य एवं नीच कर्म से बचानेवाला धर्म ही सच्चा धर्म है।
- जो मनुष्य समर्थ है, उसके द्वारा किया गया अनुचित कार्य भी लोगों को उचित प्रतीत होता है। इसके विपरीत, असमर्थ व्यक्ति द्वारा संपन्न उचित कार्य को भी लोग संदेह की दृष्टि से देखते हैं।
- पुरुषार्थ द्वारा ईमानदारी से कमाया धन जीवन भर मनुष्य के साथ

रहता है तथा उसमें निरंतर वृद्धि होती रहती है।

- धन मनुष्य का सच्चा हितैषी है। जिसके पास धन है, समस्त सुख उसके अधीन हैं।
- दुर्जन व्यक्ति को बाहुबल द्वारा कुचल डालें या फिर उससे दूर रहें।
- धर्म, औषधि, धन, धान्य तथा गुरु के आदेश का सावधानीपूर्वक पालन करना चाहिए।
- उचित समय पर ही बुद्धिमान व्यक्ति को उसके अनुकूल कार्य करना चाहिए। इससे कार्यों में अवश्य सफलता मिलती है। इसके विपरीत, समय को देखे बिना कार्य करनेवाले सदैव असफलता का सामना करते हैं।
- विद्वान् व्यक्ति को अचूक औषधि का ज्ञान, धर्माचरण, घर की समस्याएँ, स्त्री संभोग, कुभोजन तथा निंदित वचनों का कभी भी किसी दूसरे व्यक्ति के समक्ष उल्लेख नहीं करना चाहिए।
- मनुष्य का दृष्टिकोण ही वस्तु के महत्त्व को कम या अधिक करता है। वह जैसा देखना चाहता है, वह वस्तु वैसी ही दिखाई देती है।
- केवल वही व्यक्ति बुद्धिमान है, जो समय के अनुरूप वार्त्ता करे, शक्ति के अनुरूप पराक्रम करे तथा सामर्थ्य के अनुरूप क्रोध करे। परंतु यदि मनुष्य प्रसंग से हटकर बात करे, शक्ति के प्रतिकूल आचरण करे तथा अनावश्यक क्रोध करे तो वह बुद्धिमान होकर भी मूर्ख कहलाता है।
- निंदा को त्यागने से समस्त सुख मनुष्य के अनुकूल हो जाते हैं।
- ऐसे मनुष्य का जीवन सार्थक है जो दया, प्रेम, परोपकार, सहनशीलता और गुणों से परिपूर्ण है।
- अग्नि, जल, स्त्री, मूर्ख व्यक्ति, साँप और राजपरिवार—ये मनुष्य के लिए उपयोगी तो हैं ही, लेकिन असावधान रहने पर उसके लिए विनाशकारी भी बन जाते हैं।

- राजा, अग्नि, गुरु और स्त्री—इन चारों की न तो अधिक निकटता ठीक होती है और न ही दूरी।
- जिस प्रकार सपेरा बीन द्वारा मीठी तान छेड़कर सर्प को वश में कर लेता है, शिकारी मृग को वश में कर लेता है, उसी प्रकार मनुष्य मधुर वचन बोलकर किसी को भी अपने वश में कर सकता है।
- जो मनुष्य अहंकार में डूब जाता है, वह अतिशीघ्र पापों में लिप्त होकर नष्ट हो जाता है।
- यदि जल में तेल की केवल एक बूँद डाली जाए तो भी वह पूरे पात्र में फैल जाता है। दुष्ट व्यक्ति गुप्त रहस्य छिपाकर नहीं रख सकता। उसके द्वारा रहस्य तेजी से फैलता है। यदि बुद्धिमान व्यक्ति थोड़ा सा ज्ञान भी अर्जित कर ले तो वह उसी से अपने ज्ञान को बढ़ा लेता है। यदि दान किसी सुपात्र को दिया जाए तो वह दस गुना होकर दाता को पुनः प्राप्त होता है।
- जिस प्रकार अनेक श्वान मिलकर एक सिंह का मुकाबला कर सकते हैं, तिनके छप्पर के रूप में एकजुट होकर वर्षा का पानी रोक सकते हैं, उसी प्रकार यदि निर्बल व्यक्ति एक हो जाएँ तो बड़े-से-बड़े शक्तिशाली का भी सामना कर सकते हैं।
- यद्यपि धन, संपत्ति, मित्र, स्त्री, राज्य बार-बार मिल सकते हैं; लेकिन मनुष्य शरीर केवल एक ही बार प्राप्त होता है। एक बार नष्ट हो जाने के बाद इसे पुनः प्राप्त करना असंभव है। इसलिए मनुष्य को शुभ कार्य करके इस देह का सदुपयोग करना चाहिए।
- मनुष्य जैसा कर्म करता है, उसी के अनुरूप उसे अच्छे या बुरे फल की प्राप्ति होती है।
- पृथ्वी के सभी रत्नों में जल, अन्न और मधुर वचन सबसे बहुमूल्य रत्न हैं। जल एवं अन्न द्वारा मनुष्य की प्राण-रक्षा होती है, उसके शरीर का पोषण होता है, बल-बुद्धि होती है। मधुर वचन द्वारा शत्रुओं को भी जीतकर अपना बनाया जा सकता है।

- पूर्ण समर्पण द्वारा किया गया कोई भी कार्य निष्फल नहीं जाता। जिस प्रकार खुदाई करनेवाला मनुष्य फावड़े द्वारा अथक परिश्रम करके पृथ्वी के गर्भ में संचित जल प्राप्त करता है, उसी प्रकार विद्यार्थी को भी सेवा द्वारा गुरु के पास संचित ज्ञान को अर्जित करना चाहिए।
- जो मनुष्य उद्‌देश्य-रहित होकर जीवन व्यतीत कर रहे हैं, उन्हें न तो घर में शांति मिल सकती है और न ही वन में। ऐसे मनुष्यों का जीवन बोझ के समान है, जिनमें किसी को लाभ नहीं होता।
- जिस प्रकार बछड़ा हजारों गायों के बीच भी अपनी माता को पहचान लेता है, उसी प्रकार कर्म भी अपने कर्ता को ढूँढ़ लेते हैं।
- अच्छे फल की प्राप्ति हेतु मनुष्य को सत्कर्म करना चाहिए।
- अधर्मी व्यक्ति जीवित होते हुए भी मृतक के समान है। इसके विपरीत, जीवन भर शुभ एवं सत्कर्म करनेवाला मनुष्य मृत्यु के उपरांत भी स्मरणीय होता है।
- जिस राज्य का राजा धार्मिक और गुणी होगा, वहाँ की प्रजा भी धार्मिक और गुणी होगी। और यदि राजा पापी होगा तो प्रजा भी वैसा ही आचरण करेगी।
- पुरुषार्थ और कर्म द्वारा प्रतिकूल भाग्य को भी अनुकूल बनाया जा सकता है। इसलिए मनुष्य को पुरुषार्थ से पीछे नहीं हटना चाहिए।
- सज्जन पुरुष बड़े ही विचित्र स्वभाव के होते हैं। जिस धन को पाने के लिए अधिकतर लोग विभिन्न प्रकार के नीच कर्म करते हैं, वह सज्जनों के लिए तिनके के समान होता है।
- मनुष्य बिना अधिक परिश्रम किए केवल अच्छे आचरण और स्वभाव द्वारा ही विद्वान् व्यक्ति, सज्जन पुरुष और पिता को संतुष्ट कर सकता है।
- मनुष्य को केवल अपने वर्तमान पर ध्यान केंद्रित करना चाहिए।

अगर वह वर्तमान को सुधार लेगा तो उसका भविष्य अपने आप ही उज्ज्वल हो जाएगा।

- उद्देश्य-रहित दीर्घकालिक जीवन की अपेक्षा शुभ कर्मों से युक्त अल्पकालिक जीवन श्रेष्ठ होता है।
- जिस प्रकार पूरी तरह से पक जाने के बाद भी जंगली काशीफल में मिठास नहीं आती, उसी प्रकार दुर्जन व्यक्ति कितना भी वृद्ध हो जाए, उसमें दुष्टता और पाप विद्यमान रहते हैं।
- निरंतर अभ्यास किया जाए तो मनुष्य के लिए कोई भी विद्या अप्राप्य नहीं रहती।
- आय से अधिक व्यय करना, बिना बात के दूसरों से झगड़ना तथा सभी प्रकार की स्त्रियों से संभोग करना—ये कर्म मनुष्य और उसके कुल को विनाश की ओर धकेलते हैं।
- मनुष्य अपने आसपास के प्राणियों से कुछ-न-कुछ अवश्य सीख सकता है। जहाँ से भी शिक्षा प्राप्त हो, उसे ग्रहण कर लेना चाहिए।
- चरित्रवान्, सहनशील, संतोष, परोपकार तथा सहृदयता के गुणों से युक्त व्यक्ति ही सज्जन कहलाते हैं।
- जीवन का प्रत्येक क्षण सत्कर्मों में व्यतीत करना चाहिए। इसी में मनुष्य का कल्याण निहित है।
- सत्य ही एक वैरागी की माता के समान, ज्ञान पिता के समान, धर्म भाई के समान, दया बहन के समान, शांति पत्नी के समान तथा क्षमा पुत्र के समान होती है।
- सज्जन मनुष्य कितना भी दुर्जनों की संगति में रह ले, लेकिन उस पर उनकी संगति का कभी असर नहीं पड़ता।
- मनुष्य को लोक-व्यवहार में निपुण होना चाहिए। इससे वह सदैव सुखी रहता है।
- दिया गया दान कभी व्यर्थ नहीं जाता है; अपितु जितना दान दिया

जाता है, उससे दस गुना अधिक होकर वह व्यक्ति को पुनः प्राप्त हो जाता है।

- मनुष्य का जीवन तभी सुखमय कहा जा सकता है, जब उसका घर-परिवार सुखों से परिपूर्ण हो।
- मनुष्य को बाहरी शुद्धता की अपेक्षा मन को शुद्ध करना चाहिए।
- जिस प्रकार दूध, घी और शक्कर से सींचने पर भी नीम अपना कड़वापन नहीं छोड़ता उसी प्रकार अनेक उपदेश देने तथा अपनत्व दिखाने के बाद भी दुर्जन को सज्जन बनाना असंभव है।
- जो विद्यार्थी मोह-माया और सुखों में लीन होकर विद्या-प्राप्ति की बात सोचते हैं, उन्हें अपने उद्‌देश्य में कभी सफलता नहीं मिलती।
- बुद्धि, चातुर्य, ओज और बल—इन गुणों से युक्त मनुष्य बड़ी-से-बड़ी समस्या का भी निदान कर सकता है।
- आवश्यकता के समय केवल बुद्धिमान व्यक्ति ही अपने बल का यथोचित उपयोग कर सकता है।

□

संदर्भ ग्रंथ

1. मैक्सिम्स ऑफ चाणक्य : वी.के. सुब्रह्मण्यम
2. कॉरपोरेट चाणक्य : राधाकृष्णन पिल्लई
3. चाणक्य नीति
4. कौटिल्य अर्थशास्त्र
5. विष्णुगुप्त चाणक्य : वीरेंद्र कुमार गुप्त
6. चाणक्य सूत्र
7. चाणक्य : द किंगमेकर एंड द फिलॉसफर : अनु कुमार
8. चाणक्य : द मास्टर स्टेट्समैन : रूपा पई
9. चाणक्य : रूल्स ऑफ गवर्नेंस वाई द गुरु ऑफ गवर्नेंस : श्रीकांत प्रसून

□□□